金融取引別
高齢者トラブル対策
Q&A

髙橋恒夫
岡野正明
加来輝正
=著

Q&A
The measures for avoiding trouble
with the elderly on financial business.

経済法令研究会

は し が き

　日本社会は、すでに世界に類を見ない高齢社会となっており、今後も高齢化が一層進もうとしています。2010年10月1日における65歳以上の高齢者数は推計2,948万人で高齢化率は23.0％となっています。さらに、2014年には高齢者数3,308万人で高齢化率は26.1％、2018年には同3,559万人（同28.4％）となり、その後も高齢化率は上昇し続けて2060年には同3,464万人（同39.9％）という超高齢社会の到来も予測されています（国立社会保障・人口問題研究所による平成24年1月現在の推計）。

　高齢化に伴う問題点として、労働力問題、医療問題、年金問題、高齢者福祉問題などがありますが、金融取引についても、視覚障がい等に伴う代筆等の問題や認知症等による判断能力の低下に伴う契約の効力等の問題など、様々な問題が指摘されつつあります。

　一方、2000年4月1日より発足した成年後見制度は、認知症等により判断能力の低下した高齢者の財産を保護するとともに、介護サービス等の福祉制度の支援を受けるために有効な制度として期待されています。また、同制度では、戸籍への登録を廃止しプライバシー保護を配慮した成年後見登記制度を導入するなど、従来の制度に比べ格段に使い勝手のよい制度となっており、申立件数も2009年27,397件、2010年30,079件、2011年31,402件、2012年34,689件、2013年34,548件と増加傾向にあります（最高裁判所事務総局家庭局調べ）。

　このように、高齢化率のさらなる上昇が予測されるなか、金融実務では、すでに取引先の高齢化に伴う様々なトラブル事例が数多く報告されています。例えば、「出金した覚えがない」「通帳・印鑑・キャッシ

ュカードを紛失した」などの預金取引に関するトラブルや、「借りた覚えがない」「担保提供した覚えがない」などの融資取引や担保取引に関するトラブル、「振込先を間違えた」などの為替取引に関するトラブル、「元本割れリスクの説明を受けていない」などの投資取引に関するトラブルなどが発生しています。

　これらのトラブルは健常者との間でも起こり得るわけですが、特に、取引の相手方が高齢者の場合の特有な問題は、意思能力に問題が発生しているのではないかとの疑念を懐くケースが多いということです。つまり、上記のような成年後見制度を利用している高齢者はまだまだほんの一部にすぎず、成年後見制度を利用すべきである（つまり、意思能力が低下している）のに利用していない高齢者が取引の相手方となるケースが数多くあり、このような場合にどのように対応すればよいのかが大きな問題となっています。

　本書は、以上のような社会情勢や法制度のほか、すでに発生している高齢者との様々なトラブル事例を踏まえ、取引先の高齢化に伴う問題にどのように対応していけばよいのか、成年後見制度を利用していない高齢者等との取引をどのように行えばよいのか、身近な事例を設定し、できるだけ実務的に、かつ法的なポイントもわかりやすく解説しています。

　金融機関における高齢者取引が適切に処理される一助として本書が活用されれば幸いです。

2014年7月

　　　　　　　　　　　　　著者を代表して　　　髙橋 恒夫

目　　次

Ⅰ　預金取引

■口座開設・入金
- Q1　孫名義での預金口座開設 …………………………………… 2
- Q2　高齢の父名義での預金口座開設 …………………………… 4
- Q3　預金口座開設の際の本人確認書類 ………………………… 6
- Q4　目が悪い方への対応 ………………………………………… 8
- Q5　渉外担当者への入金依頼 …………………………………… 10
- Q6　認知症ぎみの顧客との取引 ………………………………… 12

■預金の管理
- Q7　家族による預金残高の照会 ………………………………… 14
- Q8　カード裏面への暗証番号の記載 …………………………… 15
- Q9　支店内でのカードの盗難 …………………………………… 17
- Q10　預金通帳とハンコの紛失 …………………………………… 18
- Q11　頻繁なカード紛失の届出 …………………………………… 20
- Q12　年金受取口座の預金に対する差押えとローンとの相殺 … 22
- Q13　認知症ぎみの妻からの夫（預金者）死亡の連絡 ………… 24
- Q14　認知症の預金者が多額の債務の相続人となった場合 …… 25

■預金の払戻し
- Q15　預金払戻請求書の複写用紙に字が写っていない場合 …… 27
- Q16　預金払戻請求書の筆跡が第三者の場合 …………………… 28
- Q17　預金払戻請求書の代筆依頼 ………………………………… 30
- Q18　10年以上も前の預金通帳による払戻し …………………… 32

Q19	預金払戻しの覚えがないとの申し出 ……………………34
Q20	暗証番号を教えてほしいとの依頼 ………………………35
Q21	払戻し金額が違っているとの申し出 ……………………36
Q22	預金を払い戻して自宅まで届けてほしいとの依頼 ………38
Q23	高齢の預金者への便宜払い ………………………………40
Q24	預金の払戻しのつもりでキャッシングをしていた場合 …42
Q25	ＡＴＭへの現金の置き忘れ ………………………………43
Q26	ＡＴＭでの暗証番号忘れによる入力ミス ………………44
Q27	ＡＴＭの操作方法の依頼 …………………………………45
Q28	妻による入院中の夫名義預金の払戻し …………………46
Q29	家族による無断での預金払戻し …………………………48
Q30	家族の１人による預金払戻し ……………………………50
Q31	代理権授与に疑義のある家族による預金払戻し ………51
Q32	預金者が意識不明になった場合の家族による預金払戻し ……………………………………………………53
Q33	預金払戻しを禁ずる家族からの要請 ……………………54
Q34	カードの管理を家族に任せている場合 …………………56
Q35	民生委員による預金払戻し ………………………………58
Q36	老人ホームの職員による預金払戻し ……………………60
Q37	生活支援員による預金払戻し ……………………………61
Q38	成年被後見人に対する預金払戻し ………………………62
Q39	成年後見人による預金払戻し ……………………………64
Q40	複数いる成年後見人の１人による預金払戻し …………66
Q41	成年後見人による多額の預金の払戻請求 ………………68
Q42	被保佐人に対する預金払戻し ……………………………70
Q43	被保佐人によるＡＴＭでの預金の払戻し ………………72
Q44	保佐人による預金払戻し …………………………………74

目 次

Q45	被補助人に対する預金払戻し……………………76
Q46	任意後見受任者による預金払戻し……………………78
Q47	任意後見人による預金払戻し……………………80
Q48	相続人の1人による相続預金全額の払戻し……………82
Q49	認知症ぎみの相続人による相続預金の払戻し…………84
Q50	遺言書による相続預金の払戻し①……………………86
Q51	遺言書による相続預金の払戻し②……………………89
Q52	相続人中に成年被後見人がいる場合の遺産分割協議……91
Q53	相続人の1人が被保佐人の場合の遺産分割協議………94
Q54	当座勘定取引先が昏睡状態になった場合……………96

Ⅱ 為替取引

Q55	振り込め詐欺防止 ……………………………100
Q56	振込手続完了後に受取人の間違いに気が付いた場合 …102
Q57	振込手続完了後に金額の間違いに気が付いた場合 ……104
Q58	預金者死亡後の同口座での公共料金の引き落とし ……105

Ⅲ 融資取引

■融資契約

Q59	夫名義での妻からのローン申込 ……………………108
Q60	高齢の方からの住宅ローンの申込 …………………110
Q61	高齢の会社経営者からの設備資金融資の申込 ………112
Q62	住宅ローンの審査決定後の判断能力喪失 ……………114
Q63	住宅ローン債務者の認知症発症 ……………………116
Q64	認知症を発症した債務者の預金相殺 ………………118
Q65	融資先の代表者の認知症発症 ………………………120

■担保権設定契約

Q66	高齢者の土地を担保とする融資申込 ……………………122
Q67	抵当権設定者による抵当権の否認 ………………………124
Q68	抵当権設定契約書の代理署名 ……………………………126
Q69	登記留保扱いの根抵当権設定者が意識不明の状態になった場合 ………………………………………………128
Q70	抵当権設定者の認知症発症 ………………………………130
Q71	認知症患者との抵当権設定契約 …………………………132
Q72	聴覚障がいのある高齢者との抵当権設定 ………………134
Q73	成年被後見人の居住土地・建物への抵当権設定 ………136
Q74	成年後見人の会社債務への成年被後見人の担保提供 …138

■保証契約

Q75	認知症ぎみの高齢者との保証契約 ………………………140
Q76	保証契約締結後の認知症発症 ……………………………142
Q77	認知症を理由とする保証契約の解除 ……………………143
Q78	保証意思が疑われる場合 …………………………………144
Q79	意思能力がないことを理由とする家族からの保証契約解除 ……………………………………………………146
Q80	会社の経営に関与していない者の保証契約 ……………148

Ⅳ 金融商品取引

Q81	適合性の原則違反が疑われる場合 ………………………152
Q82	適合性の原則違反を理由とする契約の解除 ……………154
Q83	家族による投資信託契約の解除 …………………………156
Q84	元本割れに対する苦情 ……………………………………158
Q85	内緒で購入した投資信託への家族からの苦情 …………161
Q86	健康状態・理解力を家族に確認せずに行った勧誘 ……164

Q87	勧誘留意商品の勧誘における事前承認	……………166
Q88	家族の同意のない即日契約	………………169
Q89	事前承認をとっていない勧誘	…………………172
Q90	銘柄、数量、金額を指定した購入希望	……………174
Q91	顧客からの質問に対する商品提示と事前承認	………176
Q92	家族の同意書をとらずに行った買付け受注	…………178
Q93	電話勧誘における契約の即日締結	………………180

Ⅴ　その他取引

■貸金庫取引

Q94	貸金庫の鍵の紛失	………………………184
Q95	家族による貸金庫の開扉依頼	………………185
Q96	貸金庫の中身が紛失しているとの苦情	……………186
Q97	代理人による貸金庫の開扉請求	…………………188
Q98	家族による貸金庫の継続使用	………………190
Q99	相続人による貸金庫の格納品の持出請求	…………192

■その他

Q100	インターネット・バンキング利用者の判断能力喪失	…194

高齢者支援制度

1	日常生活自立支援事業	…………………………198
2	成年後見制度	………………………………203

■資料
・成年後見制度に関する届出書（例）
・登記事項証明書（後見・保佐・補助・任意後見）
・登記されていないことの証明書

Ⅰ　預金取引

------[口座開設・入金]------

Q1　孫名義での預金口座開設

高齢のＡが来店し、「自分が死んだ後、孫Ｂにも財産を残してやりたいので、Ｂ名義で、Ｂに内緒の定期預金をしたい」と言っています。どうしたらよいでしょうか。

> **Answer**
>
> 　Ａから孫Ｂ名義の預金を受け入れると、Ａの借名預金となるおそれがあります。このような預金は、後日のトラブルの原因となりますので、原則として受け入れるべきではありません。

■解説 --

1　借名預金の問題点

　ＡがＢに内緒でＢ名義の定期預金をするということであれば、贈与の効力は生じないので、Ｂ名義定期預金はＡの借名預金ということになります。

　借名預金は、脱税などの犯罪に利用されるおそれがあるほか、結果としてＡの預金が元本1,000万円を超えて保護されることになると、預金保険法にも違反することになります。金融機関の職員が、脱税等の犯罪がらみであることを知って受け入れた場合は、脱税幇助罪を問われる可能性もあります。

　また、Ａが死亡した場合、このＢ名義預金が相続預金かどうかで相続人間のトラブルを招くこともあります。例えば、Ａの死亡後Ｂの両親がこの預金の証書を見つけた場合、自分の子Ｂの預金だと主張して払戻しに来店することも予想されます。しかし、生前のＡの申し出に

よれば預金者はＡですから、金融機関としてはこの預金は相続財産として扱うべきだともいえます。つまり、真の預金者は誰なのかが問題（預金者の認定の問題）となってしまいます。

2 生前贈与・死因贈与と借名預金

なお、ＡがＢに贈与するのであれば、ＡがＢに対して、贈与のため、Ｂ名義の定期預金をすることを伝え、Ｂが承諾（Ｂが幼児であればその親権者の承諾）しなければ贈与の効力は生じません。つまり、Ｂに内緒であれば贈与は成立せず、Ｂ名義定期預金はＡの借名預金となります。

また、死因贈与の場合は、ＡがＢに対して、死亡後、Ａ名義の定期預金をＢに贈与することを伝え、Ｂがそれを承諾し、Ａが死亡した時にその効力が生じます。つまり、この死因贈与の場合も、Ｂ（Ｂが幼児であればその親権者）の承諾が不可欠です。しかし、質問の場合は、Ｂ名義の定期預金をＡが生前に作成するわけですから、このＢ名義の定期預金は、Ａが死亡するまではＡの借名預金ということになります。

3 対応策

以上のように、Ａが、Ｂやその親権者に内緒でＢ名義定期預金をするのであれば、借名預金となるので受け入れることはできない旨を明確に伝えます。

ただし、Ａが、Ｂやその親権者に内緒でＢに財産を残したいのであれば、Ａ名義の定期預金をしたうえで、当該預金をＢに遺贈する旨の遺言を残しておく方法があることを説明するとよいでしょう。

——————————————————————[口座開設・入金]——

Q2　高齢の父名義での預金口座開設

「父Ａが高齢で来店できないので、私が父の代わりに預金口座を開設したい」と、Ａの息子Ｂが、父名義での預金口座の開設に来ました。どうしたらよいでしょうか。

Answer

　父Ａの意思能力がない場合は、成年後見制度の利用が不可欠となります。Ａの意思能力に問題がないのであれば、Ａの意思を確認してＢを代理人とする取引等によりＡ名義の預金口座を開設します。

■解説 --

1　父Ａの意思能力が認められない場合

　父Ａが来店できない理由は何かをまず確認しなければなりません。もしも、Ａが認知症等を発症しており意思能力が認められないのであれば、Ａ名義の預金口座を開設することはできません。意思能力のない者との法律行為（預金口座の開設）は無効となるためです。

　このような場合に、Ａ名義の預金口座を開設するためには、Ａについて成年後見制度を利用していただくほかありません。Ａについて家庭裁判所に対して後見開始の申立を行い、Ａが成年被後見人との審判を受け、Ｂが成年後見人に選任された場合は、Ｂの申し出を受けることができます。

2　父Ａの意思能力に問題がない場合

　父Ａの意思能力に問題がない場合は、Ａに対して、Ａ名義預金口座開設の意思確認を行うことが不可欠です。ＢがＡに無断でＡ名義の預

金口座を開設した場合は、借名預金となってしまうからです。Bに対してはその旨を説明して、渉外担当者等がAを訪問してその意思を確認するとともに、Aが恒常的に来店できないのであれば、Bを代理人として届出をしていただき、代理権の範囲内でBと取引を行う方法等を検討すべきでしょう。

■意思能力と行為能力

●意思能力

　意思能力とは、自己の行為の結果を判断できる精神能力のことをいい、一般に、7歳～10歳ぐらいで意思能力が備わるとされています。法律行為を行うには意思能力を有していなければならず、意思能力のない者の行った行為は無効とされています。

　認知症や精神障がいを患っている者等は意思能力がないとされるため、それらの者が行った行為は無効とされます。

●行為能力

　行為能力とは、法律行為を単独で行うことができる法律上の資格をいいます。人は生まれながらに権利能力（権利・義務の主体となり得る地位）を有しますが、未成年者、成年被後見人、被保佐人、被補助人は、制限行為能力者として扱われ、行為能力が画一的に制限されています。

　意思能力のない者の行為は無効とされていますが、制限行為能力者の行為は取り消し得る行為とされています（無効と取消しの違いは、前者は当初から無効であるのに対し、後者は取消しされるまでは有効であるものの、取り消されると契約の時に遡って無効となる）。

――――――――――――――――――[口座開設・入金]―

Q3　預金口座開設の際の本人確認書類

　預金口座開設に来店した高齢の方に本人確認書類の提示を求めたところ、「そういうものは何も持っていない」と言われました。どうしたらよいでしょうか。

Answer
　法律によって本人確認書類がなければ預金口座を開設できないことになっている旨を説明し、何らかの本人確認書類を提示していただくよう依頼します。

■解説 ―――――――――――――――――――――――――

1　犯罪収益移転防止法上の取引時確認義務

　犯罪収益移転防止法は、金融機関が預金口座の開設等の取引をする際には、以下の本人特定事項等の確認を義務付けています。
　①　預金者の本人特定事項（氏名、住居、生年月日）
　②　口座開設の目的（生活費決済、給与受取・年金受取など）
　③　職業（会社員、公務員、主婦、学生など）
　したがって、これらの確認ができない場合は口座開設等に応じることができないことを説明します。
　なお、代理人による口座開設の場合は、本人および代理人の本人特定事項等の確認に加えて、代理権（取引の任にあたっていること）の確認を義務付けています。
　また、この制度は、預金口座等がマネーローンダリング等の犯罪目的で利用されることを防止するために、国際的な協力の下で行われているものですが、このような法律の趣旨等を説明して、本人特定事項

の確認のための書類を提示するようお願いするようにします。

2　本人確認書類についての説明

　本人確認書類には、本人しか取得することができない顔写真付の公的書類と、顔写真のない公的書類があります。前者の確認書類には、運転免許証のほか、在留カード、特別永住者証明書、個人番号カードまたはパスポート等があり、いずれか1つの確認書類の提示を受けることによって実在性の有無となりすましの有無が確認できます。

　後者の確認書類には、国民健康保険、健康保険、船員保険、国民年金手帳、母子健康手帳（当該自然人の氏名、住居および生年月日の記載があるものに限る）などがありますが、これらの書類のみでは実在性の確認はできますが、なりすましの有無は確認できません。

　そこで、いずれか1つの確認書類の提示を受けるとともに、当該本人確認書類に記載されている顧客等の住居に宛てて、預金通帳その他の取引関係文書を書留郵便等により、転送不要郵便物等として送付する方法、あるいは、いずれか1つの確認書類の提示を受けるとともに、顧客等の現在の住居の記載のある納税証明書や公共料金の領収書等の提示を受ける方法、などによってなりすましの有無を確認することが義務付けられています。

　なお、これらの本人確認書類は、コピーではなく原本が必要であることなどを説明します。

―――――――――――――――――――――[口座開設・入金]―――

Q4　目が悪い方への対応

高齢の方が来店し、「目が悪いので口座開設申込書の字がよく見えない」と言われました。どうしたらよいでしょうか。

> **Answer**
> 　金融機関の職員が複数立ち会ったうえで、取引経過を詳細に記録します。拡大鏡等で対応するとともに、将来に備えて代理人届をしていただくことが賢明です。字が読めない場合は、代理人と取引を行うようにします。

■解説 --

1　視力障がいのある高齢者との取引

　高齢者の中には、老眼や白内障その他の目の障がいによって、小さな文字や特定の色の文字を読めない方がいます。このような場合、店舗に備え付けている老眼鏡や拡大鏡を利用していただき、読めるのであれば時間をかけてでも対応することが必要です。

　ただし、このようにして口座を開設することができたとしても、その後の入出金等の取引に支障が生じることが考えられます。将来、目の障がいが悪化して拡大鏡等を利用しても読めなくなるおそれがないとは限りません。

　そこで、将来に備えて、あらかじめ本人の信頼できる家族等を代理人として選任していただき、当該代理人との取引もできるようにしておくことが、本人にとっても金融機関にとっても賢明な対応と考えられます。

2　申込書の字を読めない場合

　申込書の字をどうしても読めないのであれば、できれば、本人の信頼できる家族等を代理人として選任していただき、当該代理人との取引で対応するようにします。この場合、代理人届が必要となりますが、口座を開設することと、その後の入出金等の代理権の範囲を明確にしておきます。

　なお、以上の対応については、複数の職員が立ち会ったうえで、取引経過について詳細に記録にとどめておくようにします。

　また、代理人となる者がいない場合など、代筆を依頼された場合は、所定の手続に従って行います（Ｑ17参照）。

―――――――――――――――――［口座開設・入金］―――

Ｑ５　渉外担当者への入金依頼

　高齢の預金者Ａが来店し、「１か月前に渉外担当者に100万円預けたのに入金されていない」と言われました。どうしたらよいでしょうか。

> **Answer**
> 　１か月前の渉外担当者の訪問活動状況を調査して、現金を預かった場合に発行しているはずの預かり証の発行控えがない場合は、預かった事実がないことを誠実に丁寧に説明すればよいでしょう。

■解説 ――――――――――――――――――――――――

１　資金授受の有無の確認

　まず、渉外担当者に１か月前の渉外活動の状況はどうであったかを確認しなければなりません。預金者Ａが預けたとされる１か月前の渉外担当者の渉外活動状況について、業務日誌や訪問記録のほか、渉外担当者自身の業務用資金等授受簿等をチェックして、その当時にＡ宅へ訪問したのか、Ａとの間で現金の授受があったのか等の事実関係を確認します。

　また、渉外担当者には資金の授受を原則どおりに行っていたのか、無記録預かり等の違反行為はなかったか等について事情聴取や書類調査を行います。

　そして、調査の結果、渉外担当者が資金の授受等を原則どおり行っており、預かり証発行の控えなどから、Ａから現金を預かった事実がないことが明確であれば、営業店の責任者がその旨を誠実に丁寧に説

明します。

　それでも納得していただけない場合は、本人Ａの了解を得て家族も交えて説明し、家族から説得していただくようにします。なお、その際、現金を預かる場合の預かり証の発行など、渉外担当者が行っている事務手続を説明して、預かり証の発行控えがないことなどを示して、現金を預かった事実がないことを説明します。

2　渉外担当者の事務処理に不備があった場合

　渉外担当者の外訪先での現金の授受が原則どおりに行われていなかった場合、例えば、過去に一度でも当該預金者Ａから現金を預かり証を発行しないで預かった事実があったとすると、預かり証発行の控えがないことが預かっていないことの証明とはなりません。この場合は、渉外担当者の不祥事と疑われることにもなりかねません。業務日誌や訪問記録に訪問した記録がなければ、その旨を説明し、納得してもらうほかないでしょう。

　このような事態を招かないためにも、渉外担当者は、顧客（特に高齢者）との資金の授受等に際しての事務処理については、原則どおりに行うことを徹底しなければなりません。

――――――――――――――――――――――――――［口座開設・入金］―――

Q6　認知症ぎみの顧客との取引

　高齢の預金者Ａが、数日前に説明した取引内容について問合せのために来店しました。前回説明したことをまったく覚えていないようです。どうしたらよいでしょうか。

> **Answer**
> 　Ａは、認知症等による意思能力低下の可能性があるので、Ａとの今後の取引については、複数の職員による対応を原則とするなど、慎重に対応すべきでしょう。

■解説 --

1　認知症等により意思能力の低下が疑われる症状について

　認知症等により意思能力の低下が疑われる症状としては、つぎのようなものがあげられます。

　① 数日前のことをすっかり忘れている（記憶障がい）
　② 同じ話を何回も繰り返していることに本人は気付いていない
　③ 通帳・印鑑やキャッシュカード等の紛失・盗難届を繰り返す
　④ 日付、口座番号、金額等の記載をよく間違える
　⑤ 誰かに預金を勝手に引き出されたとか、盗まれたなどと繰り返し言ってくる（人を疑う）
　⑥ 簡単な足し算や引き算ができない
　⑦ つじつまの合わないことを話し、言葉も明瞭ではない
　⑧ 時々精神的に不安定な状態となる
　⑨ 今がいつなのか、自分がどこにいるのかわからなくなる（見当識障がい）

⑩　些細なことで怒りっぽくなる

2　意思能力の低下が疑われる顧客の管理

　前記のような症状があるなど、意思能力の低下が疑われる顧客との取引については、思わぬトラブルに巻き込まれるおそれがあるので、そのような顧客を抽出して、当該顧客と接触する職員には、以下のような対応をするよう周知徹底します。

　例えば、当該顧客との取引については、原則として複数の職員が立会うこととし、取引の経過等を詳細に記録しておき、後日のトラブルに備えるようにします。顧客が来店された場合は、場合によっては防犯カメラでの撮影やビデオ録画も行い、記録として保存します。

　また、当該意思能力の低下が疑われる顧客の自宅等に、渉外担当者が単独で訪問して現金の授受等の取引をすると、後日、預けたはずなのに入金されていないとか、払戻しをした覚えがないなどといったトラブルに巻き込まれるおそれがあるほか、不祥事を招く要因ともなりかねません。したがって、原則として複数の職員で訪問することとし、通帳や現金等の授受を厳格に行うとともに、取引の経過等を詳細に記録するようにします。

　上記取引の経過等の記録やビデオ録画等は、後日、取引が正常に行われたことを証明するための記録ですから、できるだけ生々しく詳細に記録するようにします。

3　成年後見制度等の活用

　上記のように、意思能力の低下が疑われる顧客との預金取引等について支障が生じた場合は、社会福祉協議会が行っている「日常的金銭管理サービス」や「書類等預かりサービス」などの活用や、成年後見制度の利用を促すべきです（198頁以下参照）。

──────────────────────────────[預金の管理]──

Q7　家族による預金残高の照会

高齢の預金者Aの息子Bから「父Aの預金残高がいくらあるか教えてほしい」との電話がありました。どうしたらよいでしょうか。

> **Answer**
> Aの個人情報であり、Aの承諾がなければ開示には応じられない旨を回答します。

■解説 ──────────────────────────

1　Aの個人情報と個人情報保護法

　金融機関は、業務等によって取得する個人情報については、個人情報の保護に関する法律（以下、「個人情報保護法」という）によってその安全管理が義務付けられ、税務調査等の法令等に基づく場合などを除き、第三者提供が禁止されています。

　したがって、Aの預金残高等の個人情報を第三者Bに開示するためには、個人情報保護法の定めに従い、Aの承諾を得ることが不可欠です。

2　Aの個人情報と守秘義務

　金融機関は、業務上入手した個人情報等を、正当な理由なく第三者に漏らしてはならないという守秘義務を負担しています。Aの承諾を得ないで、Aの個人情報を第三者Bに開示した場合、この守秘義務違反を問われることになります。

――――――――――――――――――――――[預金の管理]――――
Q8　カード裏面への暗証番号の記載

　高齢の預金者Aのキャッシュカードの裏に暗証番号が書かれているのを見つけてしまいました。どうしたらよいでしょうか。

Answer

　キャッシュカードを盗まれると容易に預金を引き出されてしまうことや、その場合のAの被害も補てんできなくなることを説明したうえで、すぐに暗証番号の記載を消していただくようにします。暗証番号を覚えられないような場合は、通帳・印鑑による払戻しでの対応を提案します。認知症等により意思能力が低下している場合は、社会福祉協議会が行っている「日常的金銭管理サービス」や成年後見制度の利用を促します（198頁以下参照）。

■解説――――――――――――――――――――――――――――――――

1　盗難に遭った場合のリスクとは

　キャッシュカードを盗まれた場合、
　① 盗難に気が付いたときに速やかに金融機関に報告すること
　② 盗難に遭った状況を金融機関に説明すること
　③ 警察に盗難届を提出すること
の3つの条件が充足されれば、預金者は、当該盗難カードによる被害の補てんを金融機関に請求することができます。

　しかしながら、キャッシュカードに暗証番号を記載していた場合は、預金者に重大な過失があったものとして、被害額全額につき金融機関はその補てん義務を免れます。つまり、預金者はその補てんを請

求できなくなるというリスクがあります。

2　盗難リスクの説明と通帳・印鑑での取引の提案

　このように、暗証番号を記載したキャッシュカードが盗難に遭った場合、容易に預金が引き出されてしまうことや、その場合、Aは、金融機関に対して被害金の補てんを請求できなくなることをわかりやすく説明します。

　また、暗証番号を頻繁に忘れるような場合は、認知症等により意思能力に問題が発生していることも考えられますので、Aの了解を得て同居の親族等にも相談のうえ、キャッシュカードの利用は中止することとし、通帳・印鑑による払戻しでの対応をしてはどうかと提案するようにします。

　なお、認知症等により意思能力が低下している場合は、社会福祉協議会が行っている「日常的金銭管理サービス」や成年後見制度の利用を促すべきでしょう（198頁以下参照）。

Q9　支店内でのカードの盗難

[預金の管理]

高齢の預金者Ａから「ロビーで友人と話をしている間にキャッシュカードを盗まれた」と言われました。どうしたらよいでしょうか。

Answer

　　キャッシュカードの盗難届の提出を受けて、キャッシュカードの使用禁止登録を行います。盗難が事実であれば、警察に盗難届の提出を促します。

■解説

1　キャッシュカードの使用禁止登録と事実関係の確認

　まず、キャッシュカードの盗難届の提出を受けて、キャッシュカードの使用禁止登録を行います。また、盗難の事実関係について本人および友人から詳しい状況を聴取するとともに、防犯カメラ等を確認し盗難が事実であると思われる場合は、警察への届出を促します。

2　Ａの意思能力に問題がある場合

　友人への事情聴取や防犯カメラの調査等の結果、盗難の信憑性が確認できない場合は、Ａの思い違いか、あるいは、認知症等による被害妄想の症状が出ている可能性があります。

　そこで、Ａの意思能力について、Ａの友人やＡの家族の情報も収集して確認するようにします。問題がある場合は、キャッシュカードの発見に努めてもらうとともに、今後のキャッシュカードの保管方法を見直すようＡの家族も交えて依頼します。また、紛失等を繰り返す場合は、社会福祉協議会が行っている「日常的金銭管理サービス」や「書類等の預かりサービス」(200頁以下参照)の利用も検討を促します。

━━━━━━［預金の管理］━
Q10　預金通帳とハンコの紛失

　高齢の方から「預金通帳とハンコをどこに置いたのか忘れてしまった」と言われました。どうしたらよいでしょうか。

> **Answer**
> 　過去に、紛失の実績がなく意思能力にも問題がなければ、事務規定に従って通常の紛失手続を行います。しかし、過去に頻繁に紛失している場合は、通帳等の安全管理の方法を検討する必要があります。

■解説 --

1　高齢の方からの通帳・印鑑の紛失届
　高齢の方からの通帳・印鑑の紛失届であっても、過去に紛失扱いがなく、紛失の経緯等を聴取しても理路整然とした説明であり、意思能力にも問題がないと判断できるのであれば、通常どおり事務規定に従って手続を行えばよいでしょう。

2　過去に頻繁に紛失している場合
　ただし、過去に頻繁に紛失している場合は注意が必要です。通帳・印鑑の保管については、通常は、細心の注意を払うものであり、頻繁に紛失するということは、高齢の方が通常ではない状態となっていると判断されるということです。

3　通帳・印鑑の安全管理方法の検討
　このような場合は、認知症等により意思能力に問題が発生していることも考えられますので、本人の承諾を得て同居の親族等を交えて、今後の通帳・印鑑の安全な保管・管理をどのように行うかを協議しま

す。

　できれば、本人が最も信頼できる家族等に、通帳・印鑑の保管や日常生活に必要な資金等の入出金をお願いするか、あるいは、社会福祉協議会が行っている「日常的金銭の管理サービス」や「書類等の預かりサービス」等（200頁参照）のサービスを利用することも検討すべきでしょう。

■**預金通帳の法的性質**

　預金通帳の法的性質は、預金の存在を証明する証拠証券であるとされています。したがって、証券と権利が一体となった有価証券とは異なり、通帳を紛失しても預金債権自体が失われるわけではありません。

　預金払戻しの場面において、通帳と印鑑を所持している者は正当な権利者とみなされ、たとえその者が無権利者であったとしても、その者に対する支払は有効な支払として金融機関は免責されます。

―――――――――――――――――――――[預金の管理]―

Q11　頻繁なカード紛失の届出

　高齢の預金者Aは、「キャッシュカードをなくしてしまった」と頻繁にカードの再発行を依頼してきます。どうしたらよいでしょうか。

Answer
　Aに紛失の原因等の説明を求め、説明内容に不自然さがある場合は再発行には応じないこととし、社会福祉協議会が行っている「書類等の預かりサービス」等の利用も検討すべきでしょう（200頁参照）。

■解説 --

1　キャッシュカードの役割
　キャッシュカードは、窓口での預金通帳と届出印による払戻手続と同様の役割を果たすものであり、暗証番号は届出印と同様の役割を果たすものです。したがって、キャッシュカードの保管には細心の注意を払うのが通常であり、頻繁に紛失することは通常ではあり得ないことです。

2　キャッシュカードの利用中止
　したがって、頻繁に再発行依頼がなされる事態となった場合は、まず、預金者Aに紛失に至った事情を詳しく尋ねます。そして、Aの説明内容が不自然で合理性がなく、Aの管理能力に問題があると判断される場合は、今後も繰り返し同様の申出がなされるおそれがあるため、再発行には応じないようにします。
　また、このような場合は、認知症等の問題が発生していることも考えられるので、同居の親族等に相談のうえ、キャッシュカードの利用

は中止することとします。
3　通帳・印鑑による取扱い
　そして、通帳・印鑑による入出金をお願いするほかありませんが、この方法を選択しても、今度は通帳・印鑑を頻繁に紛失するおそれがあります。そこで、このような場合は、社会福祉協議会が行っている「日常的金銭管理サービス」や「書類等の預かりサービス」（200頁参照）を利用する方法も選択肢の1つとして検討すべきでしょう。

――――――――――――――――――――[預金の管理]―
Q12　年金受取口座の預金に対する差押えとローンとの相殺

　年金生活者Ａの預金口座（年金受取口座）の預金が差し押さえられましたが、ローン債権と相殺しても大丈夫でしょうか。ちなみに、Ａには年金以外の収入はありません。

Answer
　年金受取口座とローン債権との相殺は法的には可能ですが、相殺によってＡが日常生活に窮するおそれがある場合は、相殺は避けるべきでしょう。

■解説 --

1　年金受取口座に対する差押えと相殺の可否

　年金受取口座が差し押さえられた場合には、差押禁止債権の範囲変更の申立をして、差押命令の一部を取り消して、差押禁止の範囲を拡張することができるという制度があります（民事執行法153条）。

　しかし、預金口座に年金以外のお金も入っている場合、口座に振り込まれると年金はその他の財産に混入し、年金とそれ以外の財産とを区別することができなくなってしまいます。

　最高裁は、このように他の財産と区別できない状態になっている預金口座については、その預金債権は差押禁止の属性を有していないというべきであり、したがって、金融機関が預金者に対して有する債権との相殺が許されないとはいえないと判示しています（最判平成10・2・10金融・商事判例1056号6頁。なお、本最高裁判決は、高裁・地裁判決をそのまま是認するというかたちになっており、実質的な判決理由は地裁判決に示されている）。

2　年金のみの受取口座の場合

　これに対し、年金以外に入金がない預金口座であり、他の財産と混ざっているわけではない場合、差押禁止の範囲を拡張して預金債権の差押えを取り消してほしいという申立に対し、その申立を認め、差押取消命令を出したという判例もあります。

　一方、債務者に扶養義務を負う子供たちがあり、年金と長男の援助により生計を立てているとしても、債権者の債権回収前に預金口座から230万円を引き出していることから、債務者の誠実性や任意履行の意思が欠如しているということができると認定して、差押禁止債権の範囲の拡張を認めないとしたものもあります（横浜地決平成19・12・26判例タイムズ1270号438頁）。

　また、預金口座に振り込まれた国民年金等の給付のうち大部分はすでに抗告人によって引き出されていること、抗告人は資格を持ちそれなりの収入を得る能力を有していること、抗告人は原審裁判所からの収入状況を明らかにするようにとの指示に応じていないことに照らすと、差押命令の全部または一部を取り消すのは相当でないとしたものもあります（東京高判平成22・4・19金融法務事情1904号119頁）。

3　本問の場合

　本問の場合、Ａには年金以外に収入はないとのことですから、当該口座には年金以外に入金がない口座であることは明らかであり、当該口座が差し押さえられたとしても、取り消される可能性があるなかで、金融機関が反対債権であるローン債権と相殺すると、預金者に認められている取消手続を奪う結果となってしまいます。さらに、相殺すれば、Ａが日常生活に窮することは容易に推測できるわけです。したがって、このような事実関係のもとで金融機関が相殺権を行使すると、信義則違反あるいは相殺権の濫用とされるおそれもあります。

[預金の管理]

Q13　認知症ぎみの妻からの夫（預金者）死亡の連絡

「夫Aが亡くなった」と言って預金者Aの妻である認知症ぎみのBが来店しました。どうしたらよいでしょうか。

> **Answer**
> 直ちにAの預金について支払停止の措置を行います。また、Aの死亡が事実なのか慎重に調査する必要があり、Bに対し、A死亡の状況について詳しく説明を求めます。

■解説 ------

1　預金者死亡の通知と対応策

預金者Aが死亡したとの通知をその妻Bから受けたのですから、直ちにAの預金について支払停止の措置を行わなければなりません。

ただし、Bは認知症ぎみとのことですから、Aの死亡の事実が本当なのか慎重に調査する必要があります。まずBに対し、A死亡の状況について詳しく説明を求めます。

2　Bの説明内容の真偽の確認

Bの説明の内容に合理性がない場合は、Bの意思能力に疑義があるため、Aの他の家族に連絡してみるとか、Aに勤務先があればそちらに電話するなどして、Aの死亡の真偽について確かめます。

また、説明の内容に合理性があり、Aが死亡したことは事実に相違ないと思われる場合でも、医師の死亡診断書や戸籍謄本等で死亡の最終確認を行います。

［預金の管理］

Q14　認知症の預金者が多額の債務の相続人となった場合

認知症の高齢の預金者Aの配偶者Bから、「Aの兄弟が死亡し、Aが多額の債務の相続人となったので、相続放棄をさせたいがどうすればよいか」と相談されました。どうしたらよいでしょうか。

Answer

　Aが認知症のため意思能力に問題がある場合は、Aのために後見開始の審判を家庭裁判所に申し立て、選任された成年後見人が成年被後見人Aのために相続放棄の申述を行うことになります。

■解説

1　相続放棄の方法

　相続人Aが、被相続人が負担していた多額の債務の相続を免れるためには、相続開始（被相続人の死亡）を知った時から3か月以内に家庭裁判所に相続放棄をする旨を申述しなければなりません（民法915条・938条）。そして、家庭裁判所がこの相続放棄を受理すれば、Aは、被相続人の相続に関しては、はじめから相続人とならなかったものとみなされ（同法939条）、多額の債務の相続を免れることができます。

2　相続人Aの意思能力に問題がある場合

　Aは認知症とのことですから、意思能力に問題が発生しているおそれがあります。例えば、Aの認知症が中等度ないし重度進行している場合は、相続放棄をするための意思能力はないと考えられるため、家庭裁判所に対して相続放棄の旨の申述を行っても、当該行為は無効と

なるおそれがあります。

　このような場合は、Aのために後見開始の審判を家庭裁判所に申し立てる必要があります（203頁参照）。Aについて、成年後見人が付された場合、当該成年後見人がAのために家庭裁判所に対して相続放棄の旨を申述することができます。

■ 〈相続放棄〉

　相続放棄とは、相続人が被相続人の遺産の相続を放棄することをいいます。相続放棄は、被相続人が多額の負債を残して亡くなった場合に利用されることが多く、相続放棄によって当該相続人は債務の負担を一切免れることができます（ただし、プラスの財産も承継することはできない）。

　相続放棄は、相続の開始を知った時（被相続人の死亡の事実を知った時）から3か月以内に被相続人の住所地を管轄する家庭裁判所に申述する必要があります（民法915条1項）。相続放棄をした相続人は最初から相続人とならなかったものとみなされるため、相続放棄の場合、代襲相続が認められていません（代襲相続とは、例えば、被相続人である親が死亡する以前にその子が死亡していた場合、子に代わって孫が相続人となる制度をいう）。

―――――――――――――――[預金の払戻し]―――――
Q15　預金払戻請求書の複写用紙に字が写っていない場合

預金払戻請求書に記入した文字について、筆圧がないので複写用紙に字が写っていません。どうしたらよいでしょうか。

Answer

　複写用紙についても本人の署名が必要な場合は、複写用紙にも記入してもらうほかないでしょう。しかし、複写用紙がもっぱら金融機関の内部事務処理を行うためのものであれば、職員が記入しても差し支えありません。

■解説 ―――――――――――――――――――――――――

1　複写の目的と複写用紙への記入

　複写式となっている預金払戻請求書や振込依頼書を記入してもらっても、筆圧がないために複写用紙に字が写らないことがあります。複写式にする目的は、記入の手間を省くことや、事務の合理化のためであるものの、複写用紙が預金者との契約に関する文書（つまり、法律関係文書）である場合は、原則として複写用紙にも預金者に記入してもらうほかありません。

2　複写用紙が自己利用文書の場合

　ただし、複写用紙が、もっぱら金融機関の内部事務処理を行うためのもの（つまり、自己利用文書）であれば、預金者に記入してもらう必要はなく、金融機関の職員が記入することで問題ありません。

―――――――――――――――――――[預金の払戻し]―
Q16　預金払戻請求書の筆跡が第三者の場合

　預金払戻請求書の筆跡が明らかに高齢の預金者Ａのものではなく、その家族のものでもないと思われる場合、どうしたらよいでしょうか。

> **Answer**
>
> 　払戻金額が日常生活費の範囲内の少額なものであり、他に特別な事情がなく不審と思われることもない限り、払戻しに応じることで差し支えないでしょう。ただし、払戻金が多額とか全額等の特別な事情がある場合は、Ａの意思を確認し、当該第三者の本人確認も行うべきでしょう。

■解説 --

1　預金者の利便性（代理人等による払戻し）

　普通預金や総合口座の場合、その性質上、日常業務や日常生活のための入出金口座として活用されており、預金者本人による入出金のほか、その代理人や使者による入出金も当然にあり得ることを前提として取り扱っています。これを本人でなければならないというのでは、利便性が損なわれると同時に、利用者の視点に立った対応ともいえなくなります。そこで実際、預金者の家族等が本人に代わって払戻手続を行うことは多いはずです。

2　第三者による払戻しと留意点

(1)　預金者のリスクと金融機関の留意点

　このような取扱いにより預金者が負担するリスクとして、同居の家族による使い込みや盗難等による被害などがあります。このような場

合でも、善意無過失で払戻しに応じた金融機関は債権の準占有者に対する弁済として免責され（民法478条）、預金者が損害を負うことになります（盗難通帳・印鑑による払戻につき最判昭和42・4・15金融・商事判例62号2頁、代理人による場合につき最判昭和37・8・21金融法務事情334号11頁、など）。

　ただし、払戻金が多額、資金使途が曖昧、払戻回数が頻繁、預金の解約ないし全額に近い払戻しであるといった特別な事情がある場合には、金融機関の注意義務が加重され、過失責任を問われる裁判例が多くなっています。このような場合には、原則として本人の意思確認が必要です。

　(2)　家族による払戻しの場合

　家族による払戻しと判明している場合は、家族に預金者の健康状態や本人が来店できない理由などを聴取し（例：「Aさんはお元気ですか」「今日はどうされたのですか」など自然体で）、その聴取内容を営業日誌や顧客取引記録に記載しておくことが、後日の苦情・紛争を避けるために有用です。

　また、預金者と家族とが紛争しているなどの特別な事情があることが判明している場合は、本人の意思確認が必要です。なお、認知症等により当該預金者の意思能力に問題があることが判明した場合は、原則として払戻しに応じることはできません（Q32参照）。

　(3)　家族でもない第三者による払戻しの場合

　払戻金額が日常生活費の範囲内の少額のものであり、かつ、他に特別な事情もなく、何ら不審な事情のない限り払戻しに応じることで差し支えないでしょう。しかし、払戻金額が多額であるとか、全額に近い払戻しであるといった特別な事情がある場合のほか、何らかの不審な事情がある場合は、盗難の懸念もあるため、Aの意思を確認することが必要です。当該第三者の本人確認も行うべきでしょう。

――――――――――――――――――[預金の払戻し]――

Q17　預金払戻請求書の代筆依頼

　高齢の預金者Ａから「手が震えて字が書けないので代わりに書いてほしい」と預金払戻請求書の代筆を依頼されました。どうしたらよいでしょうか。

Answer

　代筆がやむを得ない場合は、複数の職員が立会のうえ対応し、代筆に至った理由を詳細に記録にとどめ、払い戻した現金が確かに預金者に支払われたことの証拠となるようにしておくことが必要です。

　なお、職員による代筆の場合は、防犯カメラ等で録画し、一定期間保存することも検討すべきでしょう。

■解説--

1　払戻請求書の役割と代筆の問題点

　払戻請求書は、預金者がその意思によって払戻請求を行ったことを後日裁判上で証明する証拠証券としての役割があります。これを金融機関の職員が安易に代筆してしまった場合、本人の意思による払戻請求であることを証明することはできなくなります。

　例えば、後日、預金者本人から払い戻した覚えがないとか、払戻しをした金額が違っているなどのトラブルに発展すると、代筆をした職員による横領等が疑われることにもなりかねません。この場合、当該払戻請求書の署名は、本人のものではないことは明らかなので、金融機関側で、本人の意思能力に問題はなく、その意思により職員が代筆を依頼されたことを立証しなければならなくなります。

2 代筆の際の留意点

そこで、やむを得ず代筆に応じる場合は、後日のトラブルに備え、代筆によって預金が払い戻されたことと、払い戻された現金が確かに預金者に支払われたことを、証明できるようにしておかなければなりません。

そのためには、まず、役席者と担当者等の複数の職員で対応します。単独での対応は絶対に避けなければなりません。また、担当者が代筆し、代筆に至った理由を記録にとどめておくわけですが、通り一遍の記録では証明できないおそれがあるため、詳細に生々しく記録にとどめておくべきです。記録すべき内容は以下のとおりです。

① Aは高齢であるものの意思能力に問題がないと判断した理由
② Aが筆記できない理由に不自然さがないこと（手が震える原因等を聴取した際の会話の内容等）
③ 家族等に代筆を依頼したができなかった理由
④ 資金使途を聴取したが、資金使途と払戻金額に不自然さがないこと

なお、職員による代筆の場合は、防犯カメラ等により録画をして、一定期間保存しておくことも検討すべきでしょう。

3 Aが恒常的に筆記できない場合

Aが恒常的に筆記できない状態であれば、その都度代筆しなければならないことになり、リスク管理上も好ましくありません。まず、Aの家族等による代理人取引をお願いすべきです。Aが独居の高齢者であり代理人となる者がいない場合は、民生委員等による付き添いでの支援等が考えられます（Q35参照）。なお、社会福祉協議会の「日常的金銭管理サービス」等は判断能力に不安のある者でなければ利用できませんが、ほかに支援方法がない場合は、判断能力に問題がない場合でも福祉の一環として利用できる場合があります。

――――――――――――――――――――［預金の払戻し］――

Q18　10年以上も前の預金通帳による払戻し

　高齢の預金者Ａが来店し、「家の中を掃除していたら昔の通帳があった」といって10年以上も前の預金通帳を持ってきて預金の払戻しを請求してきました。どうしたらよいでしょうか。

> **Answer**
> 　解約等により預金債権が消滅したことを伝票等の書類で確認できない場合は、預金債権の消滅時効を援用して、払戻請求を謝絶します。なお、自動継続回数の制限のない自動継続定期預金であった場合は、消滅時効を援用できない場合があります。

■解説 ────────────────────────

1　支払済み（解約済み）の有無の確認

　高齢の方が、10年以上も前の通帳を持参してきて払戻請求されることはまれではありません。10年以上記帳されていないということですから、睡眠口座となっている可能性が高いと考えられますが、まず当該Ａの預金通帳の残高を確認します。残高がない場合は、紛失解約済みではないか、あるいは貸出金との相殺により消滅した口座ではないか、などについて調査し、解約済み等であることが判明した場合は、解約手続関係等の書類をＡに示して説明します。

2　書類等で確認できない場合

　解約等により預金債権が消滅したことを伝票等で確認できない場合は、Ａの預金債権の時効を援用して、払戻しを謝絶することになります。Ａには、やむを得ない措置であることについて、誠意をもって丁

寧に説明し、了解を得るようにします。

3　自動継続定期預金の場合

　当該Ａの通帳が自動継続定期預金の場合は、消滅時効が完成したかどうかの確認が必要です。というのは、自動継続特約付きの定期預金契約における預金払戻請求権の消滅時効は、それ以降自動継続の取扱いがされることのなくなった満期日が到来した時から進行するとする判例（最判平成19・4・24金融・商事判例1277号51頁）があるためです。

　この判例によれば、自動継続の回数に制限がなく、預金者Ａから自動継続停止の申し出がない限り永遠に自動継続される約定の場合の消滅時効の起算日は、今回Ａが払戻請求してきた日が満期日の場合はその日であり、そうでなければ、払戻請求の後に到来する満期日が消滅時効の起算日ということになります。したがって、この場合は預金債権の時効消滅を主張できなくなってしまいます。

　なお、自動継続特約付定期預金証書の所持人からの払戻請求訴訟において、金融機関の内部文書である「事故処理簿」に高い信用性を認め、これにより金融機関の払戻済みの立証を認めた事例（東京高判平成21・5・19金融法務事情1882号118頁）があります。

　判決は、預金者が払戻請求の際に作成した領収証書を銀行が紛失したとしても、他の証拠から弁済の事実が認められる場合には、領収証書の不存在が弁済の事実の認定の妨げになるものではないとし、本件の事故処理簿については、各喪失の届出から処理までの経緯がその都度、手書き、日付印、定型のゴム印、担当者の印章の押印およびその上司の印章による検印の押印により記録され、改ざん、差替えが困難なようにまとめ、つづられていて、かつ事故の届出がされた領収証書により解約されたことが複数の職員の印によって確認されており、その信用性は高い、としています。

[預金の払戻し]

Q19　預金払戻しの覚えがないとの申し出

　高齢の預金者Ａが来店し、「通帳によれば、１か月前に100万円払戻しをしたことになっているが、まったく覚えがない。調べてほしい」と依頼されました。どうしたらよいでしょうか。

> **Answer**
> 　１か月前の100万円の払戻請求書にＡの署名・押印がされている場合は、これを示して営業店の責任者が丁寧に説明します。代筆であった場合でも、代筆に至る経緯等の詳細な記録を示して説明します。

■解説--

1　払戻請求書の確認

　まず、１か月前の100万円の払戻請求書をチェックします。払戻請求書の署名・押印がＡのものであることが確認できれば、これにより資金の授受が明確となるので、この書類を示して営業店の責任者が丁寧に説明することで通常は了解を得られるでしょう。あるいは家族も交えて説明し、家族から説得していただくようにします。

2　払戻請求書が代筆であった場合

　職員等による代筆であったとしても、代筆に至る経緯等が詳細に記録されている場合は、これらの書類を提示して営業店の責任者が丁寧に説明すれば、通常は了解を得られるでしょう。

　しかし、漫然と窓口担当者が単独で代筆に応じ、代筆に至る経緯等の記録もされていなかった場合は、窓口担当者の横領が疑われる事態となるおそれさえあります。

[預金の払戻し]

Q20 暗証番号を教えてほしいとの依頼

ＡＴＭで預金を引き出そうとしていた高齢の預金者Ａから、「キャッシュカードの暗証番号を忘れたので教えてほしい」と言われました。どうしたらよいでしょうか。

Answer

　暗証番号は、所定の手続でなければ通知できない旨を説明し、通帳・印鑑での払戻しを依頼するか、あるいはＡの本人確認ができる場合は、便宜扱いによる払戻しも検討します。

■解説

1　暗証番号の厳正な管理

　キャッシュカードの暗証番号は、ＡＴＭでの預金の払戻しに際しての本人確認手段となるものであり、預金者本人以外には決して知られてはならないものです。金融機関の担当職員が暗証番号を容易に知ることができないよう、厳正な管理が必要です。また、預金者にも、暗証番号の重要性を説明し、他人に教えたりキャッシュカードに書き記すなどの行為は、きわめて危険な行為であることを説明します。

2　預金の払戻方法

　預金者から暗証番号を教えてほしいとの申し出を受けた場合は、所定の手続でなければ通知できない旨を説明します。また、預金の払戻しについては、通帳・印鑑による払戻しを依頼するか、あるいはＡの本人確認を前提に便宜扱いによる払戻しも検討します。

　なお、所定の手続を経て職員が暗証番号を教えることとし、預金者には暗証番号を直ちに変更するよう依頼する方法も考えられます。

[預金の払戻し]

Q21　払戻し金額が違っているとの申し出

　高齢の預金者Ａから「10万円払い戻したのに家に帰って確認したら９万円しかなかった」と言って不足分の請求をされました。どうしたらよいでしょうか。

> **Answer**
> 　まず、Ａの言い分を謙虚な態度で聞き、申し出内容と取引経過を正確に把握します。また、現金の過不足の有無につき、金融機関内部の事実関係を徹底的に調査し、その結果をＡに丁寧に説明します。

■解説 ----

1　申し出内容と取引経過の確認

　本問のような高齢者からの申し出は、思い違いや物忘れが原因の場合も多く、顧客には悪意のないことがほとんどです。しかし、思い違いや勘違いではないと思っているＡに対して、応対した職員が勘違いであろうと思い込み、「Ａさん、失礼ですが、もう一度お財布や現金封筒を確認していただけませんか」などと発言すると、Ａの自尊心を傷つけてトラブルとなるおそれがあります。

　そこで、Ａの申し出内容や取引経過を確認するに際しては、応対した職員は謙虚な態度で、Ａの言い分について聞き役に徹することが大切です。確認すべき点は以下のとおりです。

　①　来店時の同伴者の有無
　②　引き出した現金はどのように保管したか
　③　帰宅までに買い物などをしたか

④　帰宅後、現金はどのように保管していたか
⑤　現金不足に気付いたのはいつか

2　金融機関内部の事実関係の調査

　上記取引経過等の確認結果を踏まえて、金融機関内部の事実関係の調査を行います。ＡがＡＴＭを利用して引き出したのであれば、ＡＴＭから１万円の取り忘れがなかったかをすぐに調査します。また、ＡＴＭの操作記録やビデオ録画等により、Ａの現金の受払状況を把握します。

　また、窓口を利用したのであれば、担当したテラーとの取引経過（特に現金の授受に際して、Ａが受け取った現金をテラーの面前で計算確認したか等）について、テラーの記憶やビデオ録画で調査するとともに、以下の点について確認します。

①　当日の現金勘定に過不足はなかったか
②　払戻請求書の筆跡はＡの自書によるものか。代筆などの異例扱いはないか
③　窓口での現金授受に不自然な点はなかったか

　そして、上記事実関係の調査結果について、Ａに誠実に丁寧に説明することが大切です。

――――――――――――――――――――――――[預金の払戻し]――

Q22　預金を払い戻して自宅まで届けてほしいとの依頼

　高齢の預金者Ａから「足が悪いので、預金を払い戻して自宅まで持ってきてほしい」という電話がありました。どうししたらよいでしょうか。

> **Answer**
> 　諸般の事情から申し出に応じざるを得ないのであれば、いわゆる「届け金制度」を利用します。ただし、今回限りの異例扱いであり、今後は家族等に代理人となっていただくよう依頼すべきでしょう。

■解説 --

1　「届け金制度」の利用

　諸般の事情から、Ａの申し出に応じざるを得ないのであれば、渉外担当者がＡの預金をあらかじめ払い戻して自宅まで届けるいわゆる「届け金制度」を利用します。ただし、同制度はコストがかかるほかリスクもあるので、恒常的な利用は避けるべきです。Ａには、今回限りの異例扱いであることを伝えるとともに、今後、Ａが恒常的に来店できない状態であれば、家族等が代理人となる方法等を検討するよう依頼すべきでしょう。

2　「届け金制度」の問題点

　「届け金制度」は、通常、つぎのような手順で行われます。
　窓口対応であれば、その場で預金の払戻手続が完了するのに対し、この制度の場合は、下記⑤の預金通帳への出金記帳を預金者に確認してもらうまでの間は、渉外担当者が介在して異例扱いが発生するとこ

ろに問題点があります。

　この制度は、渉外担当者の人件費等のコストがかかるほか、現金の受渡しが店舗外で行われるため、業務上横領等の手段に悪用されるリスクがあります。

　① 預金者から、電話等で「届け金」の申し出を受ける
　② 渉外担当者は、異例扱い簿に記入して、預金者の口座から現金を出金する
　③ 預金者の自宅等を訪問し、預金通帳等・払戻請求書と引き換えに現金を手渡し、預金通帳等・払戻請求書の「預かり証」を発行する
　④ 預金通帳等を記帳し、払戻請求書を当日の伝票に綴り込み、異例扱い簿に処理済みの旨を記入する
　⑤ 預金通帳等を返還して出金記帳を確認してもらい、「預かり証」を回収する

――――――――――――――――――――――――［預金の払戻し］――

Q23　高齢の預金者への便宜払い

　高齢の預金者Ａが来店し、「通帳とハンコは息子Ｂに管理してもらっているが、急にお金が必要になったのですぐに払い戻してほしい」と言われました。どうしたらよいでしょうか。

> **Answer**
> 　息子Ｂの意思確認が不可欠です。Ｂの意思確認を怠ると、Ｂから金融機関の善管注意義務違反を問われるおそれがあります。

■解説 --

1　預金通帳・印鑑の管理

　高齢の預金者が、預金通帳・印鑑をすぐに紛失してしまうとか、悪徳事業者にひっかかって預金を騙し取られるおそれがあるなどの理由から、家族に保管してもらっていることがあります。このような場合、預金の入出金についても、その家族が代理人等として行っていることが多いものと考えられます。

2　便宜払いへの対応

　上記１のような場合に、高齢の預金者Ａが「急にお金が必要になったので、通帳・印鑑なしですぐに払い戻してほしい」と依頼してきた場合、預金者本人による申し出であるとして当該払戻し（便宜払い）に応じる義務があるか、ということが問題となります。

　通帳・印鑑の所持は、預金に関する権限者であることの証明手段の１つにすぎないので、預金者本人であることが別の手段によって確認できている場合は、通帳・印鑑がなくても、金融機関は当該預金者の

払戻請求に応じる法的義務があります。

　しかしながら、通帳・印鑑をすぐに紛失してしまうとか、悪徳事業者に預金を騙し取られるおそれがあるなどの理由から、家族に保管してもらっているという経緯がある以上、当該保管者Ｂの意思確認を行わないで払戻しに応じると、金融機関は善管注意義務違反を問われるおそれがあります（例えば、Ａが振り込め詐欺犯等に騙されている場合など。Q55参照）。

■便宜払い

　便宜払いとは、預金払戻しにおいて通帳・印鑑の双方または一方がない払戻しのことをいいます。

　預金規定においては、通帳の提出を受け、預金払戻請求書の印影と届出印鑑が相違ないことを確認したうえで払い戻した場合は、その者がたとえ無権利者であっても金融機関は責任を負わない旨が規定されていますが（これを免責約款という）、便宜払いの場合は正規の払戻しではないため、この免責約款は適用されません。

　したがって、便宜払いは金融機関にとってリスクの高い取扱いであるため、きわめて例外的な場合に限られます。

――――――――[預金の払戻し]――――――――
Q24　預金の払戻しのつもりでキャッシングをしていた場合

高齢の預金者ＡがＡＴＭで預金を引き出しましたが、実は間違ってキャッシングをしていました。どうしたらよいでしょうか。

Answer
　　カード会社へキャッシングの取消しを依頼します。取り消しできない場合は、キャッシング残高を返済するほかないでしょう。なお、間違いを繰り返す場合は、クレジット機能を分離すべきでしょう。

■解説

1　クレジット機能付キャッシュカードの留意点

　クレジット機能付キャッシュカードの場合、ＡＴＭで預金の引き出しができるほか、クレジット機能の1つであるキャッシングもすることができます。したがって、ＡＴＭの操作を間違って、預金の引き出しではなくキャッシングをしてしまうと、多額の金利負担を強いられるおそれがあるので、注意が必要です。

2　ＡＴＭの操作を間違った場合

　ＡＴＭの操作を間違ってキャッシングをしてしまった場合は、間違いに気付いた時点で直ちにカード会社へ連絡し、取り消すことはできないかを交渉します。取り消しできない場合は、キャッシングによって得た資金でキャッシング残高を返済するほかないでしょう。

　ＡＴＭの操作ミスを繰り返し、何回もキャッシングをしてしまうような場合は、キャッシュカードからクレジット機能を分離することも検討すべきでしょう。

―――――――――――――――――[預金の払戻し]―――
Q25　ＡＴＭへの現金の置き忘れ

ＡＴＭで現金を引き出した後、現金をそのままＡＴＭの上に置き忘れたことに気付いて戻ったところ、現金はすでになくなっていました。どうしたらよいでしょうか。

Answer

　原則として、金融機関の保管責任が問われることはないと考えられますが、現金を置き忘れた事実等を確認するため防犯カメラのチェック等の協力は検討します。

■解説

1　ＡＴＭに置き忘れた現金の盗難と金融機関の責任
　ＡＴＭは預金者のみで操作するため、窓口カウンターに置かれた現金等が盗まれた場合とは異なり、原則として、金融機関がその保管責任を問われることはないと考えられます。

2　金融機関の対応策
　置き忘れたことに気付いた預金者から、持ち去った人の特定のため防犯カメラをチェックしてほしいなどと依頼してくることは十分考えられます。この場合、預金者が本当に現金を置き忘れたのかを確認するためにも、防犯カメラをチェックします。
　ただし、預金者に防犯カメラの記録を閲覧させることは避けるべきです。他の預金者等の個人情報の漏えいやプライバシー侵害につながるおそれがあるためです。現金を持ち去られたことが確認できる場合は、遺失物等横領罪（刑法254条）が成立する余地があります。この場合は、被害者から警察へ被害届を提出することも選択の１つです。

――――――――――――――――――――――[預金の払戻し]――

Q26　ＡＴＭでの暗証番号忘れによる入力ミス

高齢のＡは、「ＡＴＭで預金を引き出そうとしたが、暗証番号が思い出せなくなり、とりあえず何回か押してみたところ、そのうちキーがロック状態になった」と言っています。どうしたらよいでしょうか。

Answer
　窓口等でキャッシュカードの機能復活手続をします。なお、暗証番号の入力ミスを繰り返す場合は、キャッシュカード取引の取りやめも検討すべきでしょう。

■解説 --

1　暗証番号の入力ミスとキャッシュカードの取扱い

　ＡＴＭで暗証番号の入力ミスを繰り返すと、キャッシュカードが使えなくなることがあります。使えなくなったキャッシュカードを再度利用できるようにするためには、金融機関の窓口等で定められた手続により対応してもらうほかありません。

2　暗証番号の入力ミスを繰り返す場合

　特に高齢の方等で、暗証番号の入力ミスを繰り返し、その都度キャッシュカードの機能復活の手続を余儀なくされることがあります。このような場合は、キャッシュカードの利用を取りやめて、通帳・印鑑による取引にしてもらうことが賢明でしょう。

　キャッシュカードでの取引を継続した場合、キャッシュカード上に暗証番号を書き記してしまう懸念もあり、さらに紛失盗難等によって簡単に預金が引き出されてしまうといった事態も予想されます（Q8参照）。

Q27　ＡＴＭの操作方法の依頼

［預金の払戻し］

高齢の預金者Ａから「ＡＴＭの操作方法がわからないので代わりに払戻しの操作をやってほしい」と頼まれました。どうしたらよいでしょうか。

Answer

　　金融機関の職員が、ＡＴＭの操作を手順に沿って説明することは問題ありません。ただし、暗証番号は絶対に聞き取らないようにします。また、家族に代理操作を依頼することも避けるべきです。

■解説

1　ＡＴＭの代理操作と留意点

　金融機関の職員が、ＡＴＭの操作を手順に沿って説明することは問題ありません。ただし、暗証番号を聞き取って代理操作することだけは、絶対に避けなければなりません。職員が暗証番号を聞き取るということは、通帳・印鑑による出金の場合でいうと、職員が印鑑をあらかじめ預かっているに等しい行為といえるからです。

2　家族による代理操作の依頼

　また、金融機関の職員は、Ａの家族に代理操作を依頼することも避けるべきです。もしも、家族に依頼するようＡに進言した場合、事情のわからないＡは、代理操作のため家族に暗証番号を教えてしまうかもしれません。Ａにとっては、財産管理上リスクが大きい行為となるわけですが、後日、Ａが被害を被った場合、その原因を作ったのは金融機関であるとしてトラブルとなるおそれがあります。

───────────────────────────────[預金の払戻し]─

Q28　妻による入院中の夫名義預金の払戻し

　高齢の預金者Aの妻Bから「夫が入院したので入院費として夫の預金を払戻ししたい」と言われました。どうしたらよいでしょうか。

> **Answer**
> 　入院費が日常生活費の範囲内相当の金額であれば、本人Aの意思確認をするまでもなく払戻しに応じてよいのですが、多額の場合は、本人の意思確認を行うか、病院へ直接振り込む方法で対応します。

■解説 --

1　日常生活に関する行為と妻の代理権

　意思能力をまったく欠く常況となった人でも、日常生活をするうえではお金は必要ですし、特に医療費は必需費用です。このような状況で、病床の夫に代わって妻から預金の払戻しを請求された場合に、金融機関としてどのように対応するのかという問題です。

　民法761条は、日常家事債務について夫婦が連帯責任を負うという規定ですが、日常家事に関する行為の範囲内であれば、夫婦相互に代理権が認められると解されています。日常家事とは、通常、食料や衣類の購入、家賃の支払、相当な範囲内での家族の保健・医療・教育・娯楽に関する契約を指すとされており、夫の介護等に関する費用支払のため必要な資金につき預金から払い戻す行為も日常家事の範囲内と考えられます。

2　夫の意思能力の喪失と妻の代理権

　夫の意思能力の喪失が妻の代理権に影響しないかという点について

は、代理権の消滅事由に関する民法の規定（111条）には、本人の能力喪失を代理権の消滅事由と明記していないことなどから、通説では、代理権は消滅しないとされています。したがって、夫が意思能力を喪失していたとしても、入院費が日常生活費の範囲内相当の金額であれば、妻の代理権の範囲内での払戻しとなるので、夫の意思確認をするまでもなく払戻しに応じることができます。

3 払戻金額が多額の場合

しかし、日常生活の範囲を大きく超える金額の払戻しについては、妻の代理権の範囲外となるので、安易に応じることはできません。

夫の意思を確認できる状況であれば、意思確認のうえ対応すればよいのですが、意識不明等により意思確認できない状況であれば、払戻請求者が妻であっても、原則として払戻しに応じることはできません。ただし、当該払戻金の資金使途が夫の入院費であるなど、もっぱら夫のためであることが確認でき、かつ払戻しを謝絶することが人道的にも社会的にも不適切と判断される場合は、推定相続人全員の同意を得たうえで妻にその旨の念書を書いてもらって、妻の代筆によって払戻しを行い、直接病院へ振り込む方法での対応を検討します。

なお、今後はこのような異例扱いはできないので、夫が意思能力を欠く常況であった場合は、夫のために後見開始の申立をしてもらい、家庭裁判所で選任された成年後見人と取引する方法を依頼します（203頁参照）。

――――――――――――――――――――――［預金の払戻し］――

Q29　家族による無断での預金払戻し

　高齢の預金者ＡのＢに対してＡの預金を払戻ししましたが、実はＢがＡに無断で預金を払い戻していたことが判明しました。どうしたらよいでしょうか。

> **Answer**
> 　通帳・印鑑による場合は、通帳・印鑑の保管管理の方法の見直しをＡに依頼します。また、キャッシュカードによる場合は、暗証番号を変更し、Ｂなどの家族であっても決して教えないよう依頼します。

■解説 ---

1　Ｂに対する払戻しの効力

　ＢがＡの通帳と印鑑を持参して預金の払戻請求があった場合、盗難届等の事故届がなく、Ｂの払戻行為につき不審な状況が何らない場合は、Ｂに対する支払は、債権の準占有者に対する支払であり、金融機関が善意無過失であったとして免責される（つまり、支払は有効）と考えられます。

　また、キャッシュカードによる払戻しであり、暗証番号をＡから教えられてＢが知っていたような場合は、ＡＴＭにより払戻しに応じた金融機関は、善意無過失で債権の準占有者に支払ったものとして免責され（つまり、支払は有効。最判平成５・７・19金融・商事判例944号33頁）、預金者保護法（注）上も損害の補てんを免れるものと考えられます。

（注）　偽造カード等及び盗難カード等を用いて行われる不正な機械式預貯金払戻

し等からの預貯金者の保護等に関する法律

2　通帳・印鑑による被害の場合

Aの預金を引き出せるのは、預金者であるAのみです。Aの家族であっても、Aに無断で引き出す権利はありません。しかし、Aの同居の家族で、Aの預金通帳と印鑑をAに無断で持ち出せる環境であれば、本問のようなトラブルにつながります。そこで、Aに対しては、通帳・印鑑を無断で持ち出せないような保管方法に変更するよう依頼します。

3　キャッシュカードによる被害の場合

キャッシュカードの場合、暗証番号がわからなければ引き出すことはできません。AがBに対してATMの代理操作を依頼するために、Bに暗証番号を知らせたようなことが過去にあった場合、後日、このような被害に遭う可能性があります。そこで、Aに対しては、暗証番号の変更を行っていただき、今後は、家族であっても暗証番号を教えることのないよう依頼します。

4　Aの意思能力に問題がある場合

Aの意思能力に問題がある場合は、成年後見制度または社会福祉協議会が行っている「日常的金銭管理サービス」や「書類等の預かりサービス」（200頁参照）の利用を検討するよう促します。

━━━━━━━━━━━━━━━━━━━━━━━━━━━━[預金の払戻し]━━

Q30　家族の1人による預金払戻し

寝たきり状態になっている高齢の預金者Aの子Bが他の家族に内緒でAの預金の払戻しに来ました。どうしたらよいでしょうか。

> **Answer**
> Aの意思確認ができる場合は払戻しに応じます。しかし、Aの意思能力に問題がある場合など、その意思を確認できない場合は、原則として払戻しは謝絶します。

■解説 --

1　Bの代理権の有無

　BがAの委任を受けてAのために払戻しに来たのであれば、払戻しに応じなければなりません。そこで、Bに代理権があるかどうかをまず確認する必要がありますが、Aに面談してその意思を確認する方法が確実です。Aの意思確認ができないのであれば、代理権の有無も確認できないため、原則として払戻しには応じることはできません。

2　Aの意思能力に問題がある場合

　Aの意思能力に問題があり、その意思を確認することができない場合は、原則として、払戻しは謝絶します。ただし、資金使途がもっぱらAのための資金であることが確認できる場合は、人道的見地から、Aの推定相続人全員の同意を条件とする緊急避難的な対応も必要です。

　ただし、このような異例扱いは、後日、トラブルに巻き込まれるおそれが高いので、恒常的に行うことは避けなければなりません。Aの意思能力に問題がある場合は、すみやかに成年後見制度（203頁参照）の利用をすすめるべきでしょう。

―――――――――――――――――――[預金の払戻し]―――
Q31　代理権授与に疑義のある家族による預金払戻し

　高齢の預金者Ａの代理人として息子Ｂが委任状を持参して頻繁にＡの預金の払戻しをしています。Ａ本人の意思が疑われるような場合、どうしたらよいでしょうか。

> **Answer**
> 　Ａに直接面談してその意思を確認します。例えば、渉外担当者がＡを訪問し、Ｂによる預金払戻しを話題にして、Ｂの代理権の有無を確認します。

■解説 --

1　委任状による代理権の確認

　代理権の確認方法としては、本人に直接面談してその意思を確認する方法が最も確実です。委任状による方法の場合、通常は、委任状に本人の実印を押印してもらい、印鑑証明書を添付しますが、代理人が同居の家族の場合は、実印等は本人に無断で簡単に入手できるものと考えられ、実は本人の意思によるものではないことがあり得ます。

2　本人の意思が疑われる場合

　そこで、本問の場合は、Ａに直接面談してその意思を確認することが必要です。例えば、渉外担当者が預金等の勧誘のためと称してＡを訪問し、預金等の勧誘の際に、Ｂによる預金払戻しを話題にすることで、Ｂに代理権を与えているのかどうかを確認します。

　そして、代理権を付与していないことが判明した場合は、当然のことながらＢによる代理行為は無権代理であるとして謝絶することとし、Ａに対しては、通帳・印鑑の保管方法の変更を依頼します。

■代理権の授与と無権代理

　代理とは、他人の行為によって本人に法的効果が帰属するという制度であり（民法99条）、有効な代理行為となるには、本人と代理人との間に代理権の存在が必要となります。代理権は、任意代理の場合、その多くは本人からの代理権授与行為によって発生し、代理権の授与は、通常、委任状の交付によってなされます。

　代理権の授与がないにもかかわらず、本人の代理人と称して行った行為は無権代理となり、この行為の効果は本人に対して及びません（同法113条1項）。この場合、無権代理人が代理権の存在を証明することができず、かつ、無権代理について本人から追認を得ることができないときは、無権代理人は相手方に対して自らその責任を負わなければなりません（同法117条1項）。

―――――――――――――――――――――――[預金の払戻し]―――
Q32　預金者が意識不明になった場合の家族による預金払戻し

　高齢の預金者Ａが脳梗塞で倒れ意識不明の状態になりました。Ａの家族Ｂから「入院費としてＡの預金の払戻しをしたい」と言われましたが、どうしたらよいでしょうか。

> **Answer**
> 　Ａが意識不明であることや入院費用の請求につき、病院の入院費用の請求書等で確認するとともに、預金の現金払いではなく病院への振込方法によって対応します（Q28参照）。

■解説 ―――――――――――――――――――――――――――

1　事実関係の確認

　まず、Ａが意識不明の状態であることが診断書等によって事実であると確認できた場合、Ａの意思確認は不可能となり、法的には払戻しに応じることはできないことになります。しかしながら、人道的見地からも払戻しを拒否することには問題があります。

2　払戻しの方法

　まず、Ａの家族Ｂから、入院費用等について病院から家族に対して請求がなされていることを、入院費用の請求書等で確認します。また、預金の現金払いは避けることとし、Ａの口座から直接病院の口座への振込方法で対応することが、後日のトラブルの未然防止策として現実的な方法です。さらに、念のため、Ａの推定相続人から本件取扱いに同意する旨の念書を徴求しておくと、Ａの死亡によって相続が開始した場合のトラブル防止策となります。なお、意識不明のＡのために成年後見制度の利用を促すべきでしょう（203頁参照）。

――――――［預金の払戻し］――――
Q33　預金払戻しを禁ずる家族からの要請

　高齢の預金者Ａの家族Ｂから「Ａは認知症ぎみなので、Ａからの預金の払戻しには応じないでほしい」と頼まれました。どうしたらよいでしょうか。

> **Answer**
> 　家族から預金者の払戻しに応じないでほしいとの依頼があったとしても、本人に意思能力や行為能力が認められる以上、拒否できない旨をまず伝えるべきでしょう。

■解説 --

1　家族の申し出の趣旨等と預金者の意思

　家族Ｂとしては、預金者Ａの判断能力に問題があるため、振り込め詐欺に遭ったり悪徳業者に騙され、財産を奪われることを危惧しての申し出であるかもしれません。しかし、このような家族Ｂからの申し出は、預金者Ａの意思に反する申し出かもしれません。また、ＢはＡの代理人でも使者でもなく、Ａの預金について何ら権限があるわけでもありません。Ａが認知症ぎみであったとしても、預金払戻手続に関する意思能力があると判断される場合は、Ａによる払戻請求である以上、金融機関が拒否すると、債務不履行責任を問われることになります。

2　Ａの預金の安全管理の方法を検討

　Ａの意思能力が認知症により不十分となっているのであれば、Ａとよく話をして、家族ＢがＡの通帳・印鑑を管理する方法も効果的であることを説明します。

また、社会福祉協議会が行っている「日常的金銭管理サービス」の利用による日常的な資金の管理や、「書類等の預かりサービス」を利用して通帳・印鑑などを預けることなども検討するよう促します（200頁参照）。

　さらに、Ａの意思能力が著しく不十分となっている場合や、意思能力を欠く常況となっている場合は、成年後見制度の利用を促すことが必要になってきます（203頁参照）。

　例えば、Ａが意思能力を失ったとする医師の診断書をＢが持参してきた場合は、Ａとの預金取引を継続することはできません。この場合は、Ａにつき成年被後見人の審判を求め、家庭裁判所によって選任された成年後見人と、Ａの預金取引を行うことになります。

[預金の払戻し]

Q34　カードの管理を家族に任せている場合

　高齢の預金者Ａはキャッシュカードの管理を息子Ｂに任せていますが、Ａから「Ｂが勝手に自分の預金を引き出している」と言われました。どうしたらよいでしょうか。

Answer

　通帳・印鑑による場合は、通帳・印鑑の保管管理の方法の見直しをＡに依頼します。また、キャッシュカードによる場合は、暗証番号を変更し、Ｂなどの家族であっても決して教えないよう依頼します。

■解説

1　Ｂに対する払戻しの効力

　ＢがＡの通帳と印鑑を持参して預金の払戻請求があった場合、盗難届等の事故届がなく、Ｂの払戻行為につき不審な状況がない場合は、Ｂに対する支払は、債権の準占有者に対する支払として、金融機関が善意無過失であったとして免責される（つまり、払戻しは有効）と考えられます。

　また、キャッシュカードによる払戻しであり、暗証番号をＡから教えられてＢが知っていたような場合は、ＡＴＭにより払戻しに応じた金融機関は、善意無過失で債権の準占有者に支払ったものとして免責され〈つまり、支払は有効。前掲（48頁）最判平成５・７・19〉、預金者保護法上も損害の補てんを免れるものと考えられます（預金者保護法５条３項）。

2　通帳・印鑑による被害の場合

　Aの預金を引き出せるのは、預金者であるAのみです。Aの家族であっても、Aに無断で引き出す権利はありません。しかし、Aの同居の家族で、Aの預金通帳と印鑑をAに無断で持ち出せる環境であれば、本問のようなトラブルにつながります。そこで、Aに対しては、通帳・印鑑を無断で持ち出せないような保管方法に変更するよう依頼します。

3　キャッシュカードによる被害の場合

　キャッシュカードの場合、暗証番号がわからなければ引き出すことはできません。AがBに対してATMの代理操作を依頼するために、Bに暗証番号を知らせたようなことが過去にあった場合、後日、このような被害に遭う可能性があります。

　そこで、Aに対しては、暗証番号の変更を行っていただき、今後は、家族であっても暗証番号を教えることのないよう依頼します。

4　キャッシュカードの管理を家族等に任せる必要がある場合

　何らかの事情により、キャッシュカードの管理を家族等に任せる必要がある場合は、B以外の信頼できる家族に依頼するかを検討します。なお、Aの意思能力に問題があるものの、著しく低下しているわけではない場合は、成年後見制度のうち補助の制度を利用するか、あるいは社会福祉協議会が行っている「日常的金銭管理サービス」等を利用することを促します（198頁以下参照）。

［預金の払戻し］

Q35　民生委員による預金払戻し

民生委員Ｂから、「Ａは高齢で歩けないので、Ａの預金を代わりに払戻ししたい」と言われました。どうしたらよいでしょうか。

> **Answer**
> 原則として、Ａの意思を確認のうえ対応すべきです。Ａの意思能力に問題がある場合は、一時的な異例扱いとして応じることの可否を検討します。

■解説

1　民生委員とは

　民生委員は、民生委員法に基づき厚生労働省から委嘱された非常勤の特別公務員です。給与の支給はなくボランティアとして活動し、任期は３年（再任可）、委嘱の年齢制限は75歳（75歳未満であれば委嘱可）です。要援護者の私生活に立入り、その一身上の問題に介入することが多く、要援護者の生活上、精神上、肉体上の秘密に触れることが多いため、守秘義務が課せられています。また、民生委員の職務については、民生委員法14条でつぎのように規定されています。

① 住民の生活状態を必要に応じ適切に把握しておくこと
② 生活に関する相談に応じ、助言その他の援助を行うこと
③ 福祉サービスを適切に利用するために必要な情報の提供、その他の援助を行うこと
④ 社会福祉事業者と密接に連携し、その事業または活動を支援すること
⑤ 福祉事務所その他の関係行政機関の業務に協力すること

⑥ その他、住民の福祉の増進を図るための活動を行うこと

2　Aの意思確認と委任状等

　民生委員が要援護者を支援するために、金融機関の窓口まで付き添うことは容認されますが、預金通帳・印鑑等を預かり、預金者に替わって預金払戻手続をすることは、原則として禁止されています。

　したがって、民生委員としてではなく個人的に預かったということかもしれませんが、好ましいことではありません。いずれにしても、原則として、預金者本人の意思確認を行ったうえで対応すべきです。

　なお、この取扱いは、本人の意思能力に問題がない場合に限られます。そこで、本人との面談のほか、その家族にも面談してその意思能力に問題がないことを確認します。もしも本人Aに身寄りがない場合は、民生委員BにもAの判断能力に問題はないのかを確認します。そして、本人Aの意思能力に問題がない場合は、Aが預金の払戻しをBに委任した旨の委任状を提出してもらいます。

3　Aの意思能力に問題がある場合

　Aの意思能力に問題がある場合は、AのBへの委任行為が無効となる可能性があるため、Bによる払戻しには原則として応じるべきではありません。ただし、もっぱらAの日常生活のために必要な資金であり、払戻金額も少額である場合など、人道的見地やその他個別事情から払戻しに応じざるを得ないと判断される場合には、事故届の有無その他不審な事情がないかを確認したうえで、緊急避難的に払戻しに応じることを検討します。

　なお、このような取扱いは一時的な異例扱いであり、恒常的に取り扱うことは避けるべきです。また、本人に身寄りがなく意思能力に問題がある以上、民生委員Bに対して、成年後見制度の利用や、社会福祉協議会が行っている「日常的金銭管理サービス」などの利用を促すべきです（198頁以下参照）。

――――――――――――――――――――――――［預金の払戻し］――

Q36　老人ホームの職員による預金払戻し

　高齢の預金者Ａは老人ホームに入所していますが、老人ホームの職員Ｂから「Ａの預金を払戻ししたい」と言われました。どうしたらよいでしょうか。

> **Answer**
>
> 　原則として、Ａの意思を確認のうえ対応すべきです。また、当該取扱いが恒常的になる場合は、代理人届の提出を受けて取引すべきです。

■解説 --

1　Ａの意思確認と代理人届等

　老人ホームの職員が入所者本人に代わって預金払戻手続をする場合、原則として、預金者（入所者）本人の意思確認を行ったうえで対応すべきです。また、当該取扱いが恒常的なものとなる場合は、原則として代理人届の提出を受けて取引を行うべきです。

　なお、この取扱いは、本人の意思能力に問題がない場合に限られることに注意が必要です。そこで、本人およびその家族に面談して意思能力に問題がないことを確認し、代理人届の提出を受けます。また、代理権の範囲を明確にするとともに、老人ホームの職員Ｂに代理権が与えられていることを代理人届で確認します。

2　Ａの意思能力に問題がある場合

　Ａの意思能力に問題がある場合は、代理人届を有効に行えないおそれがあるため、成年後見制度や社会福祉協議会が行っている「日常的金銭管理サービス」などの利用を要請すべきです（198頁以下参照）。

―――――――――――――――――――――[預金の払戻し]―――

Q37　生活支援員による預金払戻し

預金者Ａは日常生活自立支援事業を利用していますが、生活支援員ＢによるＡの預金の払戻請求がありました。どうしたらよいでしょうか。

> **Answer**
> 　Ａの預金の払戻等の代理権が社会福祉協議会に付与されていることを確認し、Ｂが日常的金銭管理サービスの代理人となっていることが確認できる代理人届（202頁参照）を提出してもらいます。

■解説 ---------------------------------

1　Ａが締結した福祉サービス利用援助契約の内容の確認

　預金者Ａと社会福祉協議会が締結した日常生活自立支援事業の福祉サービス利用援助契約につき、契約書の提示を受けて、援助内容に日常的金銭管理サービスが含まれており、預金の払戻等の代理権が社会福祉協議会に付与されていることを確認します。

2　生活支援員Ｂの代理権の確認

　そして、日常的金銭管理サービス取扱依頼書（兼代理人届）等を提出してもらい、同代理人届でＢが代理人となっていることを確認します。

　なお、この制度で社会福祉協議会が有する代理権の範囲は、日常的な事務に限定されることに留意が必要です。例えば、居所の移動を伴うような老人ホーム等の施設への入所契約のほか、金銭の借入や保証契約、建築請負契約などの重要な法律行為は成年後見制度によって行うほかなく、日常的金銭管理サービス等の対象外となります。

―――――――――――――――――――――――――[預金の払戻し]―――
Q38　成年被後見人に対する預金払戻し

　高齢の預金者Aに預金を払戻ししましたが、後日、その預金者が成年被後見人であったことが判明しました。どうしたらよいでしょうか。

> **Answer**
> 　Aの成年後見人に対し、直ちにAが成年被後見人となった旨の届出をするよう依頼するとともに、当該Aの払戻しについて追認するよう依頼します。

■解説 --------------------------------------

1　後見の審判届出前の払戻しと免責約款の効力

　預金規定には、家庭裁判所の審判により後見・保佐・補助が開始された場合には、直ちに成年後見人等の氏名その他必要な事項を書面によって届け出ることを義務付け、この届出前に生じた成年被後見人等の損害については、銀行等は責任を負わない旨が定められています。

　この免責約款の効力について判例（東京高判平成22・12・8金融・商事判例1383号42頁）は、このような保佐等が開始した旨の届出前に生じた被保佐人等の損害については、金融機関は責任を負わない旨の免責約款は、被保佐人等の保護と取引安全の調和を図るための合理的な定めであって、金融機関と取引を行う多数の預金者との間の預金取引に関する、いわば条理を定めたものとして、預金者の知、不知を問わず、適用されると解するのが相当であり、被保佐人はこの届出をしない間に行った預金の払戻しを取り消すことはできないとしています。

2　成年後見制度に関する届出の依頼とＡの払戻行為の追認依頼

本問の場合は、Ａの成年後見人に対して、「成年後見制度に関する届出書」と「登記事項証明書」等（216頁以下参照）をすみやかに提出するよう依頼するとともに、当該Ａの払戻行為について追認するよう依頼します。

3　Ａの払戻行為を取り消された場合

Ａまたはその成年後見人からＡの払戻行為を取り消すと主張された場合は、成年後見開始の旨の届出前の払戻行為であり取消しには応じられないこと、また、届出前のＡの損害等について金融機関は責任を負わない旨の免責約款があること、などを説明して了解を得られるよう交渉します。了解を得られず訴えを起こされた場合は、争うほかありません。

――――――――――――――――――――――――――――[預金の払戻し]―

Q39　成年後見人による預金払戻し

　成年後見人と称するＢが来店し、「成年被後見人Ａの預金の払戻しをしたい」と言ってきました。どうしたらよいでしょうか。

> **Answer**
> 　Ｂから、「登記事項証明書」(216頁以下参照) 等の提出を受けて、Ａが成年被後見人の審判を受けたことと、Ｂが成年後見人となったことを確認します。そして、Ｂの本人確認を行ったうえで払戻しに応じます。

■解説 ―――――――――――――――――――――――――――

1　「登記事項証明書」等による確認

　成年後見人と称するＢから、「成年後見制度に関する届出書」および「登記事項証明書」の提出を受けて、Ａが成年被後見人の審判を受けたことと、Ｂが成年後見人となったことを確認します。

　なお、審判は確定したものの「登記事項証明書」が発行されない段階であった場合は、成年後見に関する「審判書抄本」と審判の「確定証明書」の提出を受けて確認します。

2　成年後見人Ｂの本人確認

　「登記事項証明書」等で実在のＢが成年後見人となったことを確認できますが、来店したＢと名乗る人物が、「登記事項証明書」上のＢ本人に間違いないかどうか（つまり、なりすましではないかどうか）を、運転免許証等の本人確認書類等により確認しなければなりません。

3　預金取引の使用印鑑届出等とキャッシュカードの使用禁止登録

　成年後見人Ｂに成年被後見人Ａの法定代理人として、Ａの預金取引に使用する印鑑届を提出してもらいます。これにより、以後、Ａの預金の払戻手続は、ＢがＡの代理人として払戻請求書に署名し、当該Ｂの届出印を押印することになります。

　なお、Ａのキャッシュカードがある場合は、すみやかに使用禁止登録を行います。Ａがこのキャッシュカードを使って出金した場合は、取り消されるおそれがあるためです。

■〈後見開始事例〉

本　　　人	男性（57歳）、アルツハイマー病、入院中
申　立　人	妻（53歳）、パート店員
申立の動機	相続放棄
成年後見人	申立人

　本人は5年程前から物忘れがひどくなり、勤務先の直属の部下を見ても誰かわからなくなるなど、次第に社会生活を送ることができなくなりました。

　日常生活においても、家族の判別がつかなくなり、その症状は重くなる一方で回復の見込みはなく、2年前から入院しています。

　ある日、本人の弟が突然事故死し、本人が弟の財産を相続することになりました。弟には負債しか残されておらず、困った本人の妻が相続放棄のために、後見開始の審判を申し立てました。家庭裁判所の審理を経て、本人について後見が開始され、夫の財産管理や身上監護をこれまで事実上担ってきた妻が成年後見人に選任され、妻は相続放棄の手続をしました。

※法務省ホームページより

――――――――――――――――――[預金の払戻し]――
Q40　複数いる成年後見人の1人による預金払戻し

複数いる成年後見人の1人Ｂから成年被後見人Ａの預金の払戻請求がありました。どうしたらよいでしょうか。

> **Answer**
> 事務分担が定められていない場合はＢと取引できますが、定められている場合は、Ｂが財産管理に関する事務担当となっていることが必要です。事務分担の定めの有無とその内容は、登記事項証明書（216頁以下参照）で確認します。

■解説 --

1　事務分担の定めの有無の確認

　成年後見人が複数いる場合、事務分担が定められている場合と定められていない場合があるので、登記事項証明書で確認します。

2　事務分担の定めがある場合

　例えば、成年被後見人Ａの成年後見人としてＢとＣが定められている場合において、事務分担が定められている場合は、Ｂについて遺産分割協議や財産管理に関する事務を担当し、ＣについてはＡの身上監護に関する事務を担当するなどと定められ、登記事項証明書にその旨が登記されます。

　そして、この場合は、金融機関との取引については、財産管理を担当するＢが、Ａの代理人として行うことになり、Ｃは、金融機関との取引に関しては代理権を有しないことになります。

3 事務分担の定めがない場合

　事務分担が定められていない場合は、複数の成年後見人の誰もがAの財産管理に関する事務の代理権を有します。事務分担の定めがない場合は、登記事項証明書に事務分担に関する登記がされないので、当該登記がなければ、事務分担の定めがないものとして扱うことができます。

　したがって、本問の場合、事務分担の定めがなければ、来店した成年後見人Bと取引ができますが、事務分担が定められている場合は、Bが財産管理に関する事務担当となっていることが必要です。

■〈複数の成年後見人を選任した事例〉

本　　　人	男性（66歳）、くも膜下出血による植物状態、入院中
申　立　人	妻（65歳）、無職
申立の動機	遺産分割協議
成年後見人	申立人と弁護士

　2年前に本人はくも膜下出血で倒れ意識が戻りません。妻は病弱ながら夫の治療費の支払いや身の回りのことを何とかこなしていました。しかし本人の父が亡くなり、遺産分割協議の必要が生じたため、後見開始の審判を申し立てました。

　家庭裁判所の審理の結果、本人について後見が開始されました。そして、妻は、子どもとも離れて暮らしており、親族にも頼れる者がいないため、遺産分割協議や夫の財産管理を一人で行うことに不安があったことから、妻と弁護士を成年後見人に選任し、妻が夫の身上監護に関する事務を担当し、弁護士が遺産分割協議や財産管理に関する事務を担当することになりました。

※法務省ホームページより

――――――――――――――[預金の払戻し]――
Q41　成年後見人による多額の預金の払戻請求

　成年後見人Ｂから成年被後見人Ａの預金の払戻請求がありましたが、今回は500万円と多額です。どうしたらよいでしょうか。

> **Answer**
> 　成年後見人Ｂは、成年被後見人Ａの預金等の保有財産について管理処分権限を有しているので、来店した者がＢに相違なければ払戻しに応じることで差し支えないでしょう。

■解説 --

1　成年後見人の権限と責任等
(1)　成年後見人の権限
　成年後見人は、成年被後見人の財産を管理し、かつ、その財産に関する法律行為について代理権限を有します（民法859条１項）。成年被後見人は意思能力を欠く常況であり、成年被後見人の預金の入出金等の法律行為については、成年後見人のみがその代理人として行うことができます。

(2)　後見事務と善管注意義務
　成年後見人は成年被後見人（本人）の財産について、もっぱら本人のために善良なる管理者の注意をもって後見事務を処理する義務を負っています（民法869条・644条）。したがって、成年後見人は、本人の重要な財産を処分したり、その行為が本人の利益になるか不安な場合は、後日、善管注意義務を問われることを未然に防止するためにも、事前に家庭裁判所に相談するべきものとされています。

(3) 後見監督

「後見監督」とは、後見人の仕事が適正に行われているかどうかを、家庭裁判所が調査し、確認することをいいます。その際には、被後見人の身上監護および財産管理の状況について、後見人は報告書や資料等を提出しなければなりません。また、場合によっては、家庭裁判所で説明するよう求められます。

管理財産が高額である場合などには、家庭裁判所による後見監督とは別に、後見人の職務状況を監督する監督人（後見監督人）が付けられることがあり、この場合、後見人は後見監督人に対し、後見事務の内容を定期的に報告しなければなりません。また、後見監督人は家庭裁判所に対して、監督事務の内容を定期的に報告しなければなりません。

2　実務対応策

本問の場合、成年被後見人Ａの代理人である成年後見人Ｂからの預金払戻請求ですから、金融機関は、来店した者がＢに相違ないことを過失なく確認し、払戻しに応じることで免責されます。

また、成年後見人Ｂは、成年被後見人Ａの財産を容易に横領できる立場にありますが、Ｂが適切に後見事務を行っているかについては、家庭裁判所等による後見監督にゆだねられています。

なお、成年後見人の私的流用等が疑われる場合、利害関係人（取引金融機関等）は、成年後見人の後見事務が適切かどうかを家庭裁判所に調査するよう請求できます（民法863条2項）。

———————————————————————[預金の払戻し]———

Q42　被保佐人に対する預金払戻し

被保佐人が預金の払戻しに来店しましたが、単なる高齢者として預金の払戻しに応じてしまいました。どうしたらよいでしょうか。

> **Answer**
> 　保佐の届出前の払戻しであれば、取消しできないことを保佐人に通知するとともに、すみやかに届出をするよう催告します。届出後の払戻しであれば、取り消されるおそれがあるため、追認するか否かの返事をするよう催告します。

■解説 --

1　保佐の審判届出前の払戻しと免責約款の効力

　預金規定には、家庭裁判所の審判により後見・保佐・補助が開始された場合には、直ちに成年後見人等の氏名その他必要な事項を書面によって届け出ることを義務付け、この届出前に生じた被保佐人等の損害については、銀行等は責任を負わない旨が定められています。

　この点について判例〈前掲（62頁）東京高判平成22・12・8〉は、このような免責約款の効力を有効として、被保佐人はこの届出をしない間に行った預金の払戻しを取消すことはできない、としています。

　保佐人に対しては、「成年後見制度に関する届出書」と「登記事項証明書」等（216頁以下参照）をすみやかに提出するよう依頼するとともに、当該Ａの払戻行為については取消しできないことを伝えます（Q38参照）。

2　保佐の届出後の出金であった場合

　Aについて保佐開始があったことの届出後にAが窓口で払戻手続をしたのであれば、Bの同意を得ることを失念した金融機関のミスであり、後日、本人または保佐人Bによって取り消されるおそれがあります。取り消されると、預金の払戻しのときに遡って無効となるため、金融機関は、Aに対して不当利得の返還を請求できますが、相手方が制限行為能力者の場合は、現に存する利益のみ返還すれば足りるとされています（民法121条）。したがって、制限行為能力者であるAが浪費するなどして現存利益がない場合はまったく返還されないことになってしまいます。

　なお、取消しがない場合には、保佐人に対し、「1か月以上の期間」を定めて、取消しするか追認するかの返事をするよう催告します。期間内に返事がなければ、追認されたものとみなされます（民法20条2項）。

［預金の払戻し］
Q43　被保佐人によるＡＴＭでの預金の払戻し

　預金者Ａが保佐開始の審判を受けましたが、その後も保佐人Ｂの同意を得ることなく従来どおりＡＴＭで預金の払戻しをしていたことが判明しました。どうしたらよいでしょうか。

Answer
　被保佐人Ａのキャッシュカードをすみやかに使用できないように措置しなければなりません。Ａおよび保佐人Ｂにその旨を通知し、Ａの出金分について追認するよう依頼します。

■解説--

1　保佐の審判届出前の払戻しと免責約款の効力
　家庭裁判所の審判により、保佐が開始されたことの届出義務等の預金規定、およびその条項の有効性を認めた裁判例については、Ｑ42で解説したとおりです。
　保佐人に対しては、「成年後見制度に関する届出書」と「登記事項証明書」等（216頁以下参照）をすみやかに提出するよう依頼するとともに、当該Ａの払戻行為については取消しできないことを伝えます。

2　保佐の届出後の出金であった場合
　Ａについて保佐開始があったことの届出後に、Ａが保佐人Ｂに無断でＡＴＭによる出金をした場合は、保佐人Ｂによって取り消されるおそれがあります。したがって、保佐の審判があった旨の届出を受けた場合は、本人Ａのキャッシュカードは直ちに使用禁止登録を行い、使用できないようにしなければなりません（Ｑ44参照）。

〈保佐開始事例〉

本　　　人	女性（73歳）、中程度の認知症の症状、1人暮らし
申　立　人	長男（46歳）、会社員
申立の動機	不動産の売却
保　佐　人	申立人

　本人は1年前に夫を亡くしてから1人暮らしをしていました。以前から物忘れがみられましたが、最近症状が進み、買物の際に1万円札を出したか5千円札を出したか、分からなくなることが多くなり、日常生活に支障が出てきたため、長男家族と同居することになりました。隣県に住む長男は、本人が住んでいた自宅が老朽化しているため、この際自宅の土地、建物を売りたいと考えて、保佐開始の審判の申立をし、あわせて土地、建物を売却することについて代理権付与の審判の申立をしました。

　家庭裁判所の審理を経て、本人について保佐が開始され、長男が保佐人に選任されました。長男は、家庭裁判所から居住用不動産の処分についての許可の審判を受け、本人の自宅を売却する手続を進めました。

※法務省ホームページより

―――――――[預金の払戻し]―

Q44　保佐人による預金払戻し

保佐人と称するＢが来店し、「被保佐人Ａの預金の払戻しをしたい」と言ってきました。どうしたらよいでしょうか。

> **Answer**
> 「登記事項証明書」等により審判の内容を確認・検証するとともに、保佐人Ｂの本人確認を行い、保佐人Ｂの使用印鑑届等の提出を受けます。

■解説 ――――――――――――――――――――――――

1　保佐人の同意権、取消権と代理権の付与

預金者Ａについて、家庭裁判所の保佐開始の審判により保佐人Ｂが選任されると、Ａの財産等に関する重要な法律行為（預貯金の入出金取引や貸出取引、保証取引のほか担保設定取引や遺産分割協議等、民法13条1項）は保佐人の同意が不可欠となります。

また、家庭裁判所は特に必要と認められる事項について、本人等の申立により保佐人に代理権を与える旨の審判をすることができ（同法876条の4第1項）、この代理権の有無やその内容については、後見等登記ファイルに登記され、登記事項証明書に添付される代理権目録で確認することができます（219頁参照）。

2　登記事項証明書等の提出と保佐人の本人確認

保佐人Ｂの申し出に応じるためには、まず、「成年後見制度に関する届出書」と「登記事項証明書」を提出してもらい、Ｂに代理権が付与されているか等についてチェックします。

そして、保佐人Ｂと取引がない場合は、Ｂの本人特定事項の確認書

類の提示を受けるなどにより、なりすましではないかを確認します。

3　保佐人の使用印鑑届出等とキャッシュカードの使用禁止登録

　保佐人Bが預金取引等について代理権を付与されている場合は、Aの代理人としての使用印鑑届出を提出してもらいます。代理権を付与されていない場合についても、同意する場合に使用する印鑑の届出を受けます。

　預金の払戻請求に対しては、保佐人Bに代理権が与えられていない場合は、払戻請求書に被保佐人Aと保佐人Bが連署・押印することによってBの同意を得たことの確認手段とします。Bに代理権が付与されている場合は、払戻請求書にBがAの代理人と表示してBに署名・押印してもらいます。

　なお、キャッシュカード取引については、保佐人の同意を確認する手段がないため継続使用はできません。すみやかに使用禁止登録を施して回収することになります。

―――――[預金の払戻し]―――

Q45　被補助人に対する預金払戻し

高齢の預金者に預金を払戻ししましたが、後日、その預金者が被補助人であったことが判明しました。どうしたらよいでしょうか。

Answer

預金の入出金が補助人の同意を要する行為となっていない場合は何ら問題ありません。同意を要する行為となっていた場合でも、取消しできないことを伝えます。

■解説

1　補助人の同意を要する行為か否かの確認

補助の審判の場合、被補助人は、民法13条1項所定の重要な法律行為の一部についてのみ同意権や取消権が付与されます（同法17条1項）。登記事項証明書には、例えば、「同意行為目録」として、「1　借財又は保証をなすこと、2　不動産その他重要な財産に関する権利の得喪を目的とする行為をなすこと、3　新築、改築、増築又は大修繕をなすこと」などと記載されます（222頁参照）。

この場合、被補助人との貸出契約や保証契約（民法13条1項2号）や抵当権設定契約（同項3号）のほか、被補助人による新築・改築等（同項8号）については補助人の同意を要しますが、民法13条1項各号に規定されているその他の行為は、同意行為目録に記載されていないため、補助人の同意は不要となります。

例えば、同項1号の「元本を領収し、又は利用すること」や同項6号の「相続の承認若しくは放棄又は遺産の分割をすること」は同意行為目録に記載されていないため、預貯金の入出金（同項1号）のほか

相続放棄や遺産分割協議（同項6号）などについては補助人の同意は不要であり、被補助人は引き続き単独で行うことができるので、本問の払戻行為は何ら問題ないことになります。

2 民法13条1項1号について補助人の同意を要する場合

家庭裁判所の審判により、補助が開始されたことの届出義務等の定め、およびその条項の有効性を認めた裁判例については、成年被後見人について解説したQ38と同様ですので、そちらをご参照ください。

補助人に対しては、「成年後見制度に関する届出書」と「登記事項証明書」等（216頁以下参照）をすみやかに提出するよう依頼するとともに、当該Ａの払戻行為については取消しできないことを伝えます。

■〈補助開始事例〉

本　　　人	女性（80歳）、軽度の認知症の症状、長男と2人暮らし
申　立　人	長男（50歳）、会社員
申立の動機	財産管理
補　助　人	申立人

本人は、最近米を研がずに炊いてしまうなど、家事の失敗がみられるようになりましたが、申立人が日中仕事で留守の間に、訪問販売員から必要のない高額の呉服を何枚も購入してしまいました。困った申立人が家庭裁判所に補助開始の審判の申立をし、あわせて本人が10万円以上の商品を購入することについて同意権付与の審判の申立をしました。

家庭裁判所の審理を経て、本人について補助が開始され、長男が補助人に選任されて同意権が与えられました。その結果、本人が長男に断りなく10万円以上の商品を購入してしまった場合には、長男がその契約を取り消すことができるようになりました。

※法務省ホームページより

━━━━━━━━━━━━━━━━━━━━━━━━━━━━［預金の払戻し］━━━
Q46　任意後見受任者による預金払戻し

任意後見受任者と称するＢが来店し、「任意後見委任者Ａの預金の払戻しをしたい」と言ってきました。どうしたらよいでしょうか。

> **Answer**
> 　Ａの判断能力に何ら問題は発生していないものと考えられるため、ＡがＢに預金払戻しの代理権を付与したことを、Ａとの面談等によって確認する必要があります。

■解説 --

1　任意後見の概要

(1)　任意後見契約の締結

　本人Ａは、判断能力が不十分となった際における療養看護、財産管理等の事務委託をする旨の任意後見契約を任意後見受任者Ｂとの間で締結します。また、この契約は公正証書により締結しなければならず（任意後見契約に関する法律3条）、公証人は、任意後見受任者が任意後見人として代理権を行うべき事務の範囲を特定して記載し、家庭裁判所の審判により任意後見監督人が選任されるとその効力が生ずる旨が定められます。そして、締結された任意後見契約は、公証人の嘱託により登記されることになります。この場合、Ｂは任意後見受任者として登記されます。なお、この時点では、任意後見契約の効力は生じていません（208頁参照）。

(2)　任意後見監督人の選任

　本人Ａの判断能力が不十分となると、任意後見受任者等の申立による審判によって任意後見監督人が選任され、同審判が確定すると任意

後見契約の効力が生じ、審判の内容が登記され（任意後見受任者は任意後見人と登記される）、Bは任意後見人として本人Aの代理人となります。

(3) 任意後見人の代理権の範囲

任意後見契約で本人Aが任意後見受任者Bに委任できるのは、自己の生活、療養看護および財産の管理に関する事務の全部または一部についての法律行為であり、介護という事実行為を委任することはできません。

任意後見受任者が代理する事務の範囲は、契約書に添付する代理権目録に記載されますが、財産管理に関する委任事項の主なものは、①不動産その他重要な財産の処分、②預貯金の管理・払戻し等金融機関との取引、③年金・家賃等定期的収入の受領や支払、④生活費の送金や日用品の購入、⑤遺産分割、⑥保険契約の締結等、⑦重要書類の保管、⑧居住用不動産の購入・処分、借地契約・借家契約の締結・変更・解除などです。

2　任意後見受任者との取引

Bは任意後見受任者ということですから、任意後見契約の効力が発生する前の段階、つまり、本人Aの判断能力に何ら問題は発生していないことになります。したがって、任意後見契約に基づくBの代理権も発生していないためBが任意後見委任者Aの預金の払戻しをするためには、別途、委任契約に基づく代理権が必要です。

そこで、AがBに預金払戻しの代理権を付与したことを、Aとの面談等によって確認する必要があります。

――――――――[預金の払戻し]―

Q47　任意後見人による預金払戻し

任意後見人と称するBが来店し、「被任意後見人Aの預金の払戻しをしたい」と言ってきました。どうしたらよいでしょうか。

> **Answer**
> 　登記事項証明書により任意後見監督人の選任の事実を確認し、来店した者が任意後見人Bになりすましていないかを確認します。また、Aの預金の払戻行為がBの代理権の範囲内かどうかを確認します。

■解説 --

1　任意後見人の善管注意義務と代理権の範囲

　任意後見人は、任意後見契約で定められている受任事務については、法定代理人として善良なる管理者としての注意義務を負担します（任意後見契約に関する法律7条4項、民法644条）。

　また、法定後見の成年後見人が広範な代理権、取消権を行使できるのに対して、任意後見人は、任意後見契約で定められた受任事務の範囲内でのみ代理権を有し、しかも本人単独での法律行為の取消権は付与されません（208頁参照）。

2　登記事項証明書による代理権の内容の確認・検証

　任意後見契約に基づく契約者との取引に際しては、まず成年後見制度に関する届出書と登記事項証明書の提出を受け、①任意後見監督人の選任の事実と、来店したBが任意後見受任者ではなく任意後見人となっているかどうかの確認、および②任意後見契約で被任意後見人（委任者・預金者A）から委託された事務の内容はどうなっているか

(預金取引は含まれるか等)について、登記事項証明書に添付されている代理行為目録(223頁以下参照)で確認します。

3　任意後見人Bの本人確認手続、Aとの預金取引等

登記事項証明書は公的証明書であり任意後見人Bの実在性の確認はできますが、この証明書の持参人がBであるとは限りません。そこで、持参人がBに相違ないか、つまりBになりすましていないかどうかの確認が別途必要です。

4　代理人届出等の手続

被任意後見人となった預金者Aとの預金取引等について、任意後見人Bに代理権が付与されていることが確認できた場合は、任意後見人BからAの代理人として預金取引の印鑑届を受け入れます。この場合、Aの既存の預金についての代理人届出だけでなく、Aのための新規口座の開設に応じることもできます。

5　口座名義人、キャッシュカードの取扱い

口座名義人については、法的には、BはAの代理人ですから、A代理人Bという名義でもA名義のままとすることも可能です。ただし、金融機関の事務管理上の問題もあるので、いずれの対応も可とするかどうかは個別金融機関によって異なってくるものと思われます。また、Aに対して発行済のキャッシュカードがある場合、その取扱いについてはAの意向に従って処理すべきでしょう(任意後見契約に関する法律6条)。

なお、任意後見人のためのキャッシュカードの新規発行や、口座開設支店以外の支店での預金払戻請求についても法的には問題ありませんが、この点についても事務管理上の対応問題でもあるので個別金融機関によって異なってくるものと思われます。

―――――――――――――――――――――――――［預金の払戻し］
Q48　相続人の１人による相続預金全額の払戻し

　預金者Ａの共同相続人ＢおよびＣのうちＢから「相続人である母Ｃが高齢で認知症ぎみなので、預金は全部自分に払戻ししてほしい」と言われました。どうしたらよいでしょうか。

Answer

　Ｃのために、例えば保佐開始の申立を行ってもらいます。そして、選任された保佐人の同意のほか、他の相続人全員の同意があればＢ１人に相続預金全部を払い戻すことができます。

■解説 ――――――――――――――――――――――――――――

1　相続の開始と預金の分割承継

　相続は、死亡によって開始し（民法882条）、相続人は、相続開始の時から、被相続人の財産に属した一切の権利義務を承継します（同法896条）。相続人が複数になる場合において、可分債権があるときは、当該可分債権は法律上当然に分割され、各共同相続人がその相続分に応じて権利を承継するものと解されています（最判昭和29・4・8判例タイムズ40号20頁）。

　しかしながら、預金債権は可分債権であるとする従来の判例（最判平成16・4・20金融・商事判例1205号55頁など）は、平成28年12月19日の最高裁大法廷決定（金融・商事判例1510号37頁）により変更され、共同相続された普通預金債権、通常貯金債権および定期貯金債権は、いずれも、相続開始と同時に当然に相続分に応じて分割されることはなく、遺産分割の対象となるとされました。また、最高裁平

成29年4月6日判決（金融・商事判例1516号14頁）は、共同相続された定期預金債権および定期積金債権は、いずれも、相続開始と同時に当然に相続分に応じて分割されることはないとしています。

　これにより、預金債権は、預金者の相続開始と同時に共同相続人がその法定相続分に応じて準共有することになると考えられます。

2　B1人に対する支払

　Aの遺言がない限り、BとCは、Aが死亡した時に、Aの預金を法定相続分に応じて準共有することになります。したがって、Bが相続した法定相続分について、遺産分割協議前にBに払い戻すためにはCの同意が不可欠であり、Aの相続預金全額をBに払い戻す場合についてもCの同意がなければ、法的に有効な払戻しとはなりません。

　そこで、Cの同意をどのように確認するかが問題となりますが、Cは認知症ぎみとのことなので、同意するための意思能力を有しているかどうかが問題となります。

　例えば、認知症が中等度進行している場合は、保佐の審判を受ける程度の意思能力と考えられるため、Cの相続預金の共有持分についての払戻しをBが代理行使することにつきCが同意したとしても、当該同意は無効とされるおそれがあります。

　したがって、B1人にAの相続預金全額を支払う（ただし、遺産分割協議前の払戻し）ためには、Cのために、例えば保佐開始の審判の申立を行ってもらい、選任された保佐人の同意が必要となります。

―――――――――――――――――――――[預金の払戻し]―
Q49　認知症ぎみの相続人による相続預金の払戻し

　認知症ぎみの高齢の女性Ｂが来店し、「夫Ａが死亡したのでＡの預金を全部私に払戻ししてほしい」と言ってきました。どうしたらよいでしょうか。

> **Answer**
> 　Ｂの意思能力に問題がある場合は、例えばＢについて保佐開始の申立を行ってもらい、相続人がＢのみであることが確認できた場合は、保佐人の同意のもとにＢへの払戻しを行います。

■解説 ―――――――――――――――――――――――――――

1　相続開始と相続人の確認

　相続は、死亡によって開始します（民法882条）。また、相続人は、相続開始の時から、被相続人の財産に属した一切の権利義務を承継します（同法896条）。したがって、夫Ａが死亡したことと、その配偶者Ｂのみが相続人であることが、戸籍謄本等によって確認できれば、ＢにＡの相続預金全部を払戻しすることができます。

2　Ｂの意思能力の確認

　相続人Ｂが認知症ぎみということですから、その意思能力に問題ないかどうかが重要なポイントとなります。Ｂの意思能力を確認する方法としては、本人に面談して会話のなかから判断する方法や、家族等からの本人の意思能力に関する情報収集、医師の診断書の確認などがありますが、医師の診断書での確認が最も確実といえます。

3　Bの意思能力に問題がある場合

　確認の結果、Bの意思能力に問題があると判断される場合は、Bが、相続した預金全額の払戻しを請求する意思能力を有していないとされるおそれがあります。したがって、このような場合は、Bについて、例えば保佐開始の申立を行ってもらい、保佐人の同意のもとに払い戻すという方法が考えられます。

4　Bの意思能力に問題がない場合

　Bの相続預金の払戻請求や払戻金の受領等に関する意思能力に問題がない場合は、Bのみが相続人であることが戸籍謄本等で確認できれば、Bへの払戻しに応じることになります。

――――――――――――――――――――――――[預金の払戻し]―――
Q50　遺言書による相続預金の払戻し①

　高齢の預金者Ａの死亡後、Ａの相続人が、遺言によりＡの預金を譲り受けたとして遺言書を提示し、預金の払戻しを請求してきました。どうしたらよいでしょうか。

Answer

　まず、遺言書が有効なものかを確認したうえで、遺言執行者の有無を確認します。遺言執行者の指定がない場合、遺贈の受遺者への払戻しは全相続人の同意が必要ですが、相続させる遺言の受益相続人への払戻しは他の相続人の同意は不要です。遺言執行者による払戻請求であれば、これに応じることで免責されます。

■解説――――――――――――――――――――――――――――

1　遺言がある場合の預金の相続

　相続は、死亡によって開始し（民法882条）、遺言は、遺言者の死亡の時からその効力を生じます（同法985条1項）。したがって、遺言者Ａが死亡した時に、預金の受益相続人等が預金者となります。

2　遺言執行者が指定されていない場合

(1)　特定遺贈または包括遺贈の場合

　遺言が特定遺贈または包括遺贈の場合、遺贈は遺言者による財産処分の意思表示ですから、特段の債権譲渡行為は必要とせず、預金は遺言者死亡の時に受遺者に移転します。

　遺言執行者（注）が指定されていない場合、判例（最判昭和49・4・26金融・商事判例524号41頁）は、特定債権の遺贈について債

務者（預金債権の場合は金融機関）に対抗するためには、債務者（金融機関）に対する通知または債務者（金融機関）の承諾が必要であるとしています。そして、債務者（金融機関）に対する通知は、「遺贈義務者」からすべきであって、受遺者が遺贈により債権を取得したことを債務者（金融機関）に通知したのみでは、受遺者はこれを債務者（金融機関）に対抗することができないとしています。

したがって、特定の預金を遺贈する旨の遺言書に遺言執行者の指定がない場合には、遺贈をした遺言者の相続人が遺贈義務者に当たるので、法定相続人全員から債務者（金融機関）に対する通知または債務者（金融機関）の承諾が必要となります。

(注) 遺言執行者は、相続財産の管理その他遺言の執行に必要な一切の行使をする権利義務を有し（民法1012条1項）、遺言執行者がいる場合、相続人は相続財産の処分その他遺言の執行を妨げるべき行為をすることができません（同法1013条）。また、遺言執行者は相続人の代理人とみなされます。

(2) 「相続させる」旨の遺言の場合

「相続させる」旨の遺言の法的効力について判例（最判平成3・4・19金融・商事判例871号3頁）は、不動産の相続に関する事案ですが、当該遺言において相続による承継を受益相続人の意思表示にかからせたなどの特段の事情のない限り、何らの行為を要せずして、当該遺産は被相続人の死亡の時に直ちに相続により受益相続人に承継されるとしています。

したがって、遺言執行者の指定がない場合は、受益相続人が自ら遺言書に基づいて、直接、指定された預金の払戻しを請求することが考えられます。この場合、金融機関は原則これに応じる法的義務があり、これに応じたとしても、他の受益相続人を含む全相続人との関係において免責されるものと解されます。

3　遺言執行者が指定されている場合

(1)　特定遺贈または包括遺贈の場合

　遺言が特定遺贈または包括遺贈であり、遺言執行者が指定されている場合は、遺言執行者が遺贈義務者となるので（民法1013条、中川善之助『相続法　法律学全集24』370頁）、この場合は、遺言執行者から債務者（金融機関）に対する通知または債務者（金融機関）の承諾が必要ということになり、遺言執行者から払戻請求があれば、金融機関に対する通知も兼ねるので、金融機関は原則これに応じることにより受遺者を含む全相続人との関係において免責されるものと解されます。

(2)　「相続させる」旨の遺言の場合

　これに対し、特定の預金について特定の受益相続人に「相続させる」旨の遺言がなされた場合の遺言執行者の払戻請求権限の有無については、高裁段階で見解が分かれており、最高裁の判断は残念ながらいまだありません。預金のような指名債権について「相続させる」旨の遺言がなされ、しかも遺言執行者がいる場合には、一般的には遺言執行者に名義書換、解約、払戻し等の権限が与えられており、民法1013条の適用があるものと考えるのが妥当と考えられます。

　その意味では、遺言に「遺言執行者に対して、預貯金等の名義変更、解約、受領に関する一切の権限を付する」という趣旨の文言がある場合は、遺言執行者が執行権限（払戻請求権）を有すると考えられるため、金融機関は、遺言執行者の払戻請求に応じることで受遺者を含む全相続人との関係において免責されるものと解されます。なお、そのような解約、受領等に関する一切の権限を付するとの文言がない場合でも、受益相続人の遺言執行者への委任の意思を念のため確認することで足りるものと解されます。

―――――――――[預金の払戻し]―――――

Q51　遺言書による相続預金の払戻し②

遺言者Ａの死亡後、高齢の受遺者Ｂの家族Ｃが来店し、「Ｂが寝たきり状態のため、Ｂが遺言によって取得したＡの預金を全額私に払戻ししてほしい」と言ってきました。どうしたらよいでしょうか。

Answer

　Ｂの意思能力に問題がある場合は、Ｂについて、例えば後見開始の申立を行い、選任された成年後見人に払戻しを行います。Ｂの意思能力に問題がない場合は、Ｂの同意を得たうえでＣに払戻しを行います。

■解説

1　受遺者Ｂの意思能力の確認

　受遺者Ｂが寝たきり状態ということですから、その意思能力に問題はないかどうかが重要なポイントとなります。Ｂの意思能力を確認する方法としては、本人に面談して会話のなかから判断する方法や、家族等からの本人の意思能力に関する情報収集、医師の診断書の確認などがありますが、医師の診断書での確認が最も確実といえます。

2　Ｂの意思能力に問題がある場合

　確認の結果、Ｂの意思能力に問題があると判断される場合は、Ｂが、遺言で得た預金全額の払戻しをＢの家族Ｃに委任する意思能力を有していないとされるおそれがあります。この場合、Ｂの同意を得たとしても、Ｂは同意の意味を理解できないまま形式的に同意書に署名・押印したにすぎず、同意の効力はなく、Ｃに対する払戻しは無効とされるおそれがあります。

したがって、このような場合は、Bについて、例えば後見開始の申立を行い、選任された成年後見人に払い戻すという方法が考えられます。

3　Bの意思能力に問題がない場合

Bの意思能力に問題がない場合は、Bの同意を得たうえでCへの払戻しに応じることになります。

■**遺言と金融実務**

遺言は、遺言者の死後の法律関係を定める意思表示であり、一定の方式に従って作成することが要求され、方式に違反した遺言は無効とされています。遺言は、遺言者が死亡するまではいつでも撤回・修正することができます。

遺言の方式には、普通方式として、自筆証書遺言、公正証書遺言、秘密証書遺言があり、自筆証書遺言、秘密証書遺言は家庭裁判所の検認が必要です。

相続預金払戻しの際の金融機関の遺言確認・調査義務について、判例は、遺言の有無について確認する必要がありますが、特別な事情のない限り、払戻請求をした相続人に確認すればよく、それ以上の調査をする義務はないとしています（東京高判昭和43・5・28金融・商事判例113号15頁）。ただし、この事案は相続人が1人のみの事案であり、共同相続の場合に払戻請求をした相続人のみに確認すればよいと判示したわけではありません。したがって、共同相続の場合は原則としてすべての相続人に確認する必要があります。

[預金の払戻し]

Q52　相続人中に成年被後見人がいる場合の遺産分割協議

高齢の預金者Aが死亡し、Aの配偶者B（成年被後見人）とAの長男C（成年後見人）および長女D（成年）が相続人となり、遺産分割協議が調ったとして払戻しを請求されました。どうしたらよいでしょうか。

Answer

本問における遺産分割協議は、B、C間の利益相反行為となるため、Bのために特別代理人が選任されていることが必要です。特別代理人が選任されていない場合は、遺産分割協議は無効であり、払戻しに応じることはできません。

■解説

1　成年被後見人の行為

成年被後見人Bの法律行為は、日常生活に関する行為を除き取り消されるおそれがあるため、Bの預金の払戻しについては、法定代理人である成年後見人Cと取引しなければなりません。Bが相続により取得した預金についても同様です。

2　成年後見人と成年被後見人との間の利益相反行為

成年後見人と成年被後見人との間の利益相反行為とは、成年後見人のために利益となり成年被後見人のために不利益となる行為をいいます。利益相反行為の場合、成年後見人に後見事務の公正な行使を期待することができないため、民法は、成年後見人に代わって家庭裁判所の選任した特別代理人に成年被後見人を保護させることを定めています（同法860条）。

3　遺産分割協議と利益相反行為

　共同相続の場合、相続財産は各相続人の共有となり（民法898条）、被相続人が遺言で遺産分割を禁じた場合を除き、いつでも相続人間の協議で遺産分割を行うことができます（同法907条）。各相続人は遺産に対して、相続開始時より一定の相続分を有しますが、この相続分に応じて遺産を具体的に分割し、誰が何を取得するのかということは重要な事項であり、共同相続人間の分割協議の内容によっては、ある相続人が具体的に取得する遺産がないということもあり得るし、このような分割も有効とされます。

　この意味では、協議による遺産分割は、本来的、潜在的に利害が相反する要素をもっています。判例も「遺産分割の協議は、その行為の客観的性質上相続人相互間に利害の対立を生ずるおそれのある行為と認められる」とし、利益相反行為としています（最判昭和49・7・22判例時報750号51頁）。

4　特別代理人の選任と利益相反行為の効力

　成年後見人と成年被後見人との利益相反の場合、当該成年被後見人について特別代理人を選任する必要があり、特別代理人は成年後見人等の請求により家庭裁判所が選任します。しかし、実際には、家庭裁判所が職権で適任者を探すことができないため、成年後見人等の請求者が被選任者を推薦し、この者を家庭裁判所が特別代理人とする手続が採られています。

　選任された特別代理人は、家庭裁判所の選任に関する審判書に記載された特定の行為について代理権限を有します。なお、成年後見監督人が選任されている場合は、この監督人が特別代理人の役割を果たすので、特別代理人を選任する必要はありません。

　このような、適法な手続を経ないで行われた利益相反行為は無効となります。

5 実務処理上の留意点

本問における遺産分割協議は、ＢとＣの間の利益相反行為となるため、成年後見監督人が選任されていない場合はＢのために特別代理人が選任されていることが必要です。特別代理人が選任されていない場合は、遺産分割協議は無効であり、払戻しに応じることはできません。

Ａの預金全額を払い戻すためには、Ｂのために特別代理人が家庭裁判所によって選任され、Ｂの特別代理人およびＣとＤの間で、遺産分割協議書が作成されていることが必要です。

――――――――[預金の払戻し]―――
Q53　相続人の１人が被保佐人の場合の遺産分割協議

　高齢の預金者Ａが死亡し、Ａの配偶者Ｂ（被保佐人）とＡの長男Ｃおよび長女Ｄが相続人となり、遺産分割協議が調ったとして払戻しを請求されました。保佐人は第三者（弁護士）ですが、どうしたらよいでしょうか。

> **Answer**
> 　遺産分割協議書がＢ、Ｃ、Ｄ間で作成され、Ｂの署名について保佐人（弁護士）が同意した旨の署名・押印等により保佐人の同意を確認できれば、払戻しに応じることができます。

■解説 ―――――――――――――――――――――

1　保佐人の同意権・取消権

　本人Ｂについて保佐の審判があると、遺産分割協議は重要な法律行為であるとして、保佐人の同意が必要とされています（民法13条１項６号）。

　保佐人の同意権・取消権については民法13条１項に規定されていますが、登記事項証明書には、当該民法の定めは登記されず、これ以外に追加して同意権を付与する場合のみ、その内容が登記されます。つまり、保佐人の同意を要する行為か否かについては、民法で確認することが必要です（204頁参照）。

2　遺産分割協議と利益相反行為

　遺産分割協議は、本来的、潜在的に利害が相反する要素をもっています。判例も「遺産分割の協議は、その行為の客観的性質上相続人相

互間に利害の対立を生ずるおそれのある行為と認められる」とし、利益相反行為としています〈前掲（92頁）最判昭和49・7・22〉。

本事例の遺産分割協議は、B、C、D間の利益相反行為となりますが、被保佐人Bの分割協議については、保佐人（本問の場合、保佐人は第三者ですから、保佐人との利益相反は生じない）の同意があれば有効とされるため、保佐人の同意の旨が保佐人の署名・押印等によって確認できれば、払戻しに応じることができます。

■遺産分割協議

　遺産分割協議とは、共同相続人の共有になっている遺産について、相続人全員の協議により法定相続分に従って分割することをいいます（民法907条1項）。共同相続人間で協議が調わない場合は、家庭裁判所にその分割を請求することができます（同条2項）。

　預金は可分債権（分割して給付することが可能な債権）であるため、預金については、遺産分割の対象とせず、法定相続分に従って払戻しを請求することができます。もちろん、預金も遺産分割の対象とすることもでき、その場合には遺産分割協議に従った払戻しがなされることになります。

―――――――――――――――――――――[預金の払戻し]―
Q54　当座勘定取引先が昏睡状態になった場合

高齢の事業主Ａと当座勘定取引を行っていたところ、事業承継予定者である長男ＢからＡが昏睡状態となったとの報告を受けました。どうしたらよいでしょうか。

> **Answer**
>
> 　Ａが能力喪失前に振り出した手形・小切手については、Ａの当座預金残高の範囲内で支払います。なお、Ａが能力を喪失した以上、Ａ名義での手形・小切手の振出は認められません。

■解説 ――――――――――――――――――――――――――

1　Ａが能力喪失前に振り出した手形・小切手が支払呈示された場合

　当座勘定取引の法的性質について通説は、金銭の消費寄託契約と手形・小切手の支払についての支払委託契約との混合契約と解されています。

　Ａが死亡した場合、支払委託契約は当然に終了するので（民法653条1号）、Ａの死亡後に支払呈示された手形・小切手は、手形交換所規則で定める「振出人等の死亡」を不渡事由（0号不渡事由）として不渡返還するか、あるいは相続人全員の同意を得て、当座勘定の残高の範囲内で支払う方法等が考えられます。しかし本件の場合は、Ａは昏睡状態ということなので、当座勘定取引は終了していません。

　したがって、Ａの能力喪失後に支払呈示された手形・小切手は、Ａとの支払委託契約に基づき、当座預金残高の範囲内で支払うことになります。また、小切手法33条は、「振出ノ後振出人ガ死亡シ又ハ行為

能力ヲ失フモ小切手ノ効力ニ影響ヲ及ボスコトナシ」と定めているため、Aの能力喪失後においても支払人である金融機関は、そのような小切手であっても支払うことができます。またこの規定は、為替手形や約束手形の支払担当者に対する支払委託にも妥当する一般原則と解されているので、この規定の関係からも、当座預金残高の範囲内で支払うことになります。

2　長男Bとの取引

　事業主Aが昏睡状態ということなので、事業承継予定者である長男BがAの事業を遂行していくものと考えられますが、BがA名義で手形・小切手を振り出すことは、Aの意思確認ができない以上、認められません。

　BがAの事業を遂行するために手形・小切手の利用が必要であれば、Bの信用状態を調査のうえBの当座勘定を開設することにより対応すべきでしょう。

II 為替取引

Q55　振り込め詐欺防止

「息子に振込をしたい」と高齢のＡが多額の現金を持参してきましたが、振り込め詐欺にひっかかっている様子があるので、そのことを言ったら、「そんなことはない」と頑として聞き入れてくれません。どうしたらよいでしょうか。

> **Answer**
>
> 　Ａは冷静さを失っているので、応接室等で詳しい話を聞き、冷静さを取り戻すよう対応することが大切です。息子さんに連絡するよう説得して、事実関係を確認するようにします。

■解説 --

1　頑なな反応の原因

　Ａは、息子に至急に振り込まなければならないと思い込んでおり、まさか自分が騙されているとはまったく思っていません。犯人は、電話帳や卒業生名簿などの各種名簿などをもとに、息子などの親族を装って電話をかけてくるので信じてしまうのです。

　Ａは、多くの人が振り込め詐欺の被害に遭っている話は聞いて知っていますが、そのことと今回の自分の場合はまったく違う、自分の息子が困っていることは現実であり、振り込め詐欺ではないと信じ切っています。

　このような心理状態のＡに振り込め詐欺ではないかなどと言うと、「そんなことはない」という反応を示すわけです。

2　詳しい話を聞く

　Aは、冷静さを失っているので、冷静さを取り戻すためにも応接室等で詳しい話を聞くことが大切です。例えば、車の購入資金というのであればメーカー名や車種・振込先等を、その他連絡してきた人物の職業（警察や銀行協会等、官公庁や団体を名乗る場合もある）や名前等が事実かどうか、息子さんとの関係等を確認します。

　直前に「携帯電話の番号が変わった」「会社の携帯電話だから登録しておいて」などといった経緯がある場合は、ほぼ振り込め詐欺の場合と判断してよいでしょう。息子さんの変更前の携帯電話へ確認の電話を入れる等により、振り込め詐欺と判明した場合は、管轄警察署のホットラインへ通報します。

　Aの了解を得て窓口係が先方の携帯番号に連絡を入れてみると、相手は何も答えず電話はそのまま切れたため、すぐに警察に連絡するとともに、振込先金融機関には、当該口座が振り込め詐欺に利用されている旨連絡を行ったとの事案もあります。

　最近では、従来のように金融機関を通じて「振り込ませる」ものに加え、犯人が現金やキャッシュカードを直接自宅等に取りに来る「振り込ませない」振り込め詐欺（いわゆる「受取型」の手口）が増加しています。

　現金受取型の場合は、現金を用意するため定期預金の中途解約等のため来店される場合があるので、その時に、資金使途などを聴取する方法等で振り込め詐欺ではないかを確認するようにしなければなりません。

3　振り込め詐欺防止策の確立

　地元警察の担当官を招いた研修会の開催を実施するほか、振り込め詐欺等の金融犯罪防止マニュアルを策定して職員に十分徹底させる等、金融犯罪防止対策を確立することも大切です。

Q56 振込手続完了後に受取人の間違いに気が付いた場合

高齢の方Aから「受取人を別の人にしてしまったので変更してほしい」との連絡を受けましたが、すでに振込手続は完了していました。どうしたらよいでしょうか。

Answer

振込依頼人Aに対して、受取人の承諾がなければ振込金が返金されない場合があり得ることを説明して、組戻依頼書を提出してもらい、組戻手続を行います。

■解説 --

1 誤振込と受取人の預金の成立

振込依頼人による誤振込によって受取人の預金口座に振込がなされた場合、振込依頼人と受取人との間の原因関係の有無を問わず、受取人の預金が成立するものとされています（最判平成8・4・26金融・商事判例995号3頁）。また、振込による預金の成立時期は、被仕向銀行の受取人の預金元帳に入金記帳された時と解されているため、振込依頼人による誤振込であっても、振込手続が完了した場合は、受取人の預金債権が成立したことになります。

2 誤振込の取消依頼への対応

振込依頼人から、誤振込を理由とする振込の取消依頼があった場合、仕向銀行は、被仕向銀行に対して振込の取消通知ではなく組戻依頼で対応することになります。仕向銀行から組戻依頼を受けた被仕向銀行は、振込手続が完了していた場合は、受取人の預金債権が成立しているため、受取人の承諾がなければ組戻しに応じることはできませ

ん。
　したがって、本問の場合は、振込依頼人Ａに対して、受取人の承諾がなければ振込金が返金されない場合があり得ることを説明して組戻依頼書を提出してもらい、組戻手続を行うことになります。

■最高裁平成8年4月26日判決（抜粋）

　「振込依頼人から受取人の銀行の普通預金口座に振込があったときは、振込依頼人と受取人との間に振込の原因となる法律関係が存在するか否かにかかわらず、受取人と銀行との間に振込金額相当の普通預金契約が成立し、受取人が銀行に対して右金額相当の普通預金債権を取得するものと解するのが相当である。けだし、前記普通預金規定には、振込があった場合にはこれを預金口座に受け入れるという趣旨の定めがあるだけで、受取人と銀行との間の普通預金契約の成否を振込依頼人と受取人との間の振込の原因となる法律関係の有無に懸からせていることをうかがわせる定めは置かれていないし、振込は、銀行間および銀行店舗間の送金手続を通して安全、安価、迅速に資金を移動する手段であって、多数かつ多額の資金移動を円滑に処理するため、その仲介に当たる銀行が各資金移動の原因となる法律関係の存否、内容等を関知することなくこれを遂行する仕組みが採られているからである。」

Q57　振込手続完了後に金額の間違いに気が付いた場合

高齢のＡから「振込金額を間違ってしまったので変更してほしい」との連絡を受けましたが、すでに振込手続は完了していました。どうしたらよいでしょうか。

> **Answer**
> 振込依頼人Ａに対して、受取人の承諾がなければ振込金が返金されない場合があり得ることを説明して、組戻依頼書を提出してもらい、組戻手続を行います。

■解説 --

1　誤振込と受取人の預金の成立

振込金額を間違った場合、振込手続がすでに完了していたときは、Ｑ56で解説した受取人の間違いと同様、振込用紙に記載したとおりの金額で受取人との間に預金が成立することになります。

2　誤振込の取消依頼への対応

振込依頼人から、金額の間違いを理由とする振込の取消依頼があった場合、Ｑ56で解説したような対応となりますが、この場合も受取人の承諾が必要となります。

Q58　預金者死亡後の同口座での公共料金の引き落とし

公共料金の引き落としをしている口座の高齢の預金者が死亡しましたが、同居の配偶者から「今の口座でそのまま引き落としを続けてほしい」との申し出があった場合、どうしたらよいでしょうか。

Answer

同居の配偶者のほか相続人・親族から念書を徴求して、自動引落継続の取扱いにすることで差し支えないでしょう。ただし、公共料金の契約名義人と振替口座をすみやかに特定の相続人に変更するよう依頼します。

■解説

1　普通預金の相続開始と口座振替契約

普通預金契約は一身専属的契約ではないので、その相続人は、預金残高を相続するとともに普通預金者としての地位も相続します。また、公共料金等の支払のためにする口座振替契約は、もっぱら委託者（預金者）の利益のためにする契約ですから、預金者において自由に解除でき、また預金者の死亡により終了するものと解されます。

2　預金者死亡後の応急善処義務

ただし、金融機関が死亡の事実を知ったとしても、民法654条（委任の終了後の処分）による応急善処義務を負うものと解されます。例えば、税金の支払に関する自動振替を委任した預金者の死亡後、銀行がその預金から税金を引き落としたことが有効であるとした判例（東京地判平成10・6・12金融・商事判例1056号26頁）があります。

すなわち、「預金者が生前に税金の支払に関する自動振替の委任契約

を締結し、預金者の死後に右委任契約に基づき預金の引落しが行なわれた場合について、右引落しは、委任者（預金者）の死亡後に行なわれたものであるが、委任者と銀行との間の自動振替の委任契約に基づく裁量の余地のない実行行為であるから、委任者の死亡後は引落しをしない旨の特約があるなどの特別の事情がない限り、委任者の死亡後にも事務管理として行い得る行為であり、右特段の事情の認められない本件においては、右引落しは、有効であると解するのが相当である。」（要旨）としています。

3　相続人の引落依頼

また、預金者の死亡により口座振替契約が終了したものとして一方的に自動引落しを止めてしまうと、被相続人の自宅に口座振替未了による公共料金の支払督促がされトラブルとなるおそれもあるので、あらかじめ相続人の意向を踏まえて対応すべきでしょう。

自動引落しを止めるか否かについては、法定相続人全員の確認（同意）がとれれば問題ありませんが、同居の相続人・親族から念書を徴求したうえで、自動引落し継続の取扱いにすることで差し支えない場合も多いと思われます。

ただし、可及的すみやかに公共料金の契約名義人を被相続人から特定の相続人に変更していただき、当該名義人の普通預金口座による自動振替に変更すべきです。

Ⅲ　融資取引

[融資契約]

Q59　夫名義での妻からのローン申込

「浴室を改装するので夫Ａ名義で100万円借りたい」とＡの妻Ｂからローンの申込がありました。どうしたらよいでしょうか。

> **Answer**
> Ａに直接面談してＡの借入意思を確認しなければなりません。Ａの意思能力に問題がある場合は、原則としてＡ名義でのローンは謝絶すべきです。

■解説

1　Ａの借入意思の確認

　融資契約は金銭の消費貸借契約であり、借主が貸主に対して約定どおり借入金を返済することを約し、借主が目的物（金銭）を受け取ることによって成立します（民法587条）。したがって、まず、「約定どおり返済するので浴室改装資金として100万円を借入したい」というＡの意思を確認することが必要です。

　もしも、Ａの借入意思を確認しないでＡ名義でのローンを実行した場合、後日Ａから借入意思を否認されると、無権代理人Ｂによるローン契約ということになり、表見代理が成立しない限り本人Ａに対して当該ローンの有効性を主張することはできません（民法113条・109条・110条・112条）。この場合、無権代理人Ｂに対しては、ローン契約の履行または損害の賠償請求をすることができますが（同法117条）、Ｂに収入や資産がなければ回収は困難となります。

　したがって、本件の場合、金融機関の職員が直接Ａに面談して、Ａの借入意思を確認することが不可欠です。

なお、本件ローン契約に基づく債務が民法761条に定める日常家事債務に該当する場合は、夫Aは、当該ローン契約に何ら関わっていなかった場合でも、妻Bとともにローンの返済について連帯責任を負うことになります。しかし、日常家事とは、通常、食料や衣類の購入、家賃の支払、相当な範囲内での家族の保健・医療・教育・娯楽に関する契約を指すとされており、本件ローン債務が日常家事債務に含まれると解することはできません。

2　Aの意思能力に問題がある場合

　Aとの面談内容やAに関する情報収集等により、Aの意思能力に問題があることが判明した場合は、Aとの間でローン契約を締結し実行したとしても、当該ローンは無効となるおそれがあります。したがって、A名義でのローンは謝絶することとし、配偶者Bその他の家族との融資契約を検討するほかないでしょう。

　なお、Aが成年被後見人等の制限行為能力者となっていた場合は、Aの法定代理人である成年後見人との融資取引は可能です。ただし、Aと成年後見人との利益相反行為とならないかに注意が必要です。

[融資契約]

Q60　高齢の方からの住宅ローンの申込

年金生活をしている高齢のＡから、「娘夫婦と同居するため家を新築することになった」と住宅ローンの申込がありました。どうしたらよいでしょうか。

> **Answer**
> 　年金生活者に対する住宅ローンは困難でしょう。Ａの土地を担保とする娘夫婦への住宅ローンを提案する場合は、Ａの意思確認が必要ですが、Ａの意思能力に問題がある場合は成年後見制度の利用が不可欠です。

■解説

1　高齢の年金生活者に対する住宅ローンの可否

　年金は、老後の生活維持のためのものでもあり、生活資金を控除した返済余力はほとんどない場合が大半と考えられるため、相当高額の年金の受給者であり、返済余力がある場合でないと、住宅ローンの取扱いは困難と言わざるを得ないでしょう。

　そこで、娘夫婦に対する住宅ローンを提案することも検討すべきですが、新築住宅の敷地がＡの所有不動産であり、Ａが敷地の担保提供者となるのであれば、Ａの担保提供意思の確認が必要となります。

2　Ａの意思能力に問題がある場合

　Ａの意思能力に問題がある場合は、住宅ローンはもちろんのこと、Ａの敷地の担保提供行為も後日無効とされるおそれがあります。

　そこで、娘夫婦に住宅ローンを行うことにするものの、意思能力に問題のあるＡが敷地の担保提供者となる場合は、Ａについて後見開始

の申立を行ってもらい、選任された成年後見人との間で、Aの敷地の担保設定契約を締結する方法が考えられます。

　ただし、成年後見人は、成年被後見人Aの生活、療養看護および財産の管理に関する事務を行うにあたっては、Aの意思を尊重し、かつ、その心身の状態および生活の状況に配慮しなければならないものとされ（民法858条）、Aの財産については善良なる管理者としての注意をもって管理する義務を負っています（同法869条・644条）。

　この点、本問については、Aの敷地を担保とする当該住宅ローンが、娘夫婦と同居するというAの意向に沿うものであり、問題ないものと考えられます。しかし、Aの敷地がAの自宅の場合は、担保提供行為について家庭裁判所の許可がなければならず（同法859条の3）、許可を得ない担保提供行為は無効となるので、注意が必要です。

［融資契約］
Q61　高齢の会社経営者からの設備資金融資の申込

　高齢のオーナー経営者Ａから「業容拡大のため最新の機械を導入したい」と長期の設備資金融資の申込がありました。どうしたらよいでしょうか。

Answer

　　Ａの意思能力に問題がある場合は、Ａからの融資申込を受けることはできません。なお、Ａの意思能力に問題がない場合でも、後継者の育成対策や事業承継税制を活用した相続税等の節税対策を検討しているかを確認すべきでしょう。

■解説

1　Ａの意思能力の確認

　Ａは高齢ということでもあり、その意思能力に問題がないかどうかについて確認する必要がありますが、今回の設備資金について事業計画の詳細を聴取することで意思能力の有無も確認できるでしょう。そして、意思能力に問題があると判明した場合は、Ａからの融資申込を受けることはできません。

　また、Ａの意思能力の有無を確認できなかった場合は、他の経営陣との雑談等のなかで今回の融資について触れるなどして、借入計画が事実であるかどうかを確認するとともに、Ａの健康状態などについても雑談等のなかで確認します。

2　後継者の育成

　長寿企業（業歴200年以上の企業）の定石の１つに、「10年以上かけて後継者を育てる」というものがありますが、中小企業等の企業が

永続していくための重要な要素として、後継者の育成が挙げられます。例えば、優良な中小企業であったものの、後継者の育成を怠っていたため、有能なオーナー経営者の急死により事業承継がうまくいかず、経営破綻に追い込まれたというケースもあります。

　本問の経営者Aは、オーナーであり、かつ高齢ということですから、オーナーの相続開始後に後継者争いや多額の相続税支払等が発生し、経営破綻に追い込まれることのないようにしなければなりません。そこで、Aの意思能力に問題がない場合でも、後継者の育成対策のほか事業承継税制を活用した相続税等の節税対策も検討しているかを確認すべきでしょう。

[融資契約]

Q62　住宅ローンの審査決定後の判断能力喪失

　Aに対する住宅ローンの審査決定後、融資実行前にAの家族から「Aが病気で倒れて意識不明の状態になった」との連絡を受けました。審査決定後にAが購入したのはタワーマンションの1室であり、1割の手付金も支払済みとのことです。どうしたらよいでしょうか。

> **Answer**
> 　Aが意識不明の状態である以上、Aに対する住宅ローンを実行することはできない旨を伝えます。また、マンション購入資金のため、Aの家族に対する住宅ローンの申込があれば可否判断することを伝えます。

■解説 --------

1　融資予約と融資義務

　Aに対する住宅ローンの審査が決定したということですから、金融機関とAとの間で諾成的金銭消費貸借契約ないし消費貸借の予約（民法589条）が成立しており、金融機関は、融資条件等に抵触しない限り、Aに対して住宅ローンを実行する義務を負っています。

2　Aに対する融資の可否

　しかしながら、Aは意識不明の状態に陥ったということですから、この状態でAとの間で金銭消費貸借契約や抵当権設定契約を有効に締結することはできません。つまり、住宅ローンの実行はできないことになります。

　しかし、Aは、すでに売主との間で売買契約を締結し、1割の手付金も支払済みとのことですから、残金について支払期日までに支払わ

なければ手付金を没収されるおそれがあります。

3　実務対応策

そこで、Aの家族には、Aが意識不明の状態である以上、Aに対する住宅ローンはできないことを説明します。また、マンション購入資金（残金9割の支払）のため、Aの家族に対する住宅ローンの審査を依頼された場合は、すみやかに可否判断することを伝えます。

■**諾成的金銭消費貸借契約**

　ローンなどの融資は金銭の消費貸借契約であるとされていますが、消費貸借は物の授受によって成立する要物契約であるため（民法587条）、金銭の授受がなければ融資契約は成立しません。したがって、融資の担保としての抵当権を設定する場合は、金銭の授受がなされた後に抵当権の設定をしなければならないことになります（抵当権は債務の存在を前提とするため）。

　しかし、金融取引においては、融資を実行（金銭の授受）する前に抵当権の設定をすることが通例であり、このような実務慣行を重視し、金銭の授受がなくても当事者間の合意のみによって消費貸借契約が有効に成立するという諾成的金銭消費貸借契約の考え方がなされています。

[融資契約]

Q63　住宅ローン債務者の認知症発症

　Aに対して住宅ローン貸出実行後、Aの家族から「Aが認知症になった」との連絡を受けました。どうしたらよいでしょうか。

Answer
　Aの家族等に重畳的債務引受人となってもらい、ローンの返済を継続する方法が考えられます。また、成年後見制度を利用し、成年後見人との間で返済方法等を見直すことも検討します。

■解説 --

1　債務者の意思能力喪失と住宅ローンの効力

　住宅ローンが有効に成立した後に、債務者が認知症の発症等により意思能力を喪失したとしても、いったん有効に成立した住宅ローンの効力に何ら影響はありません。しかし、意思能力を喪失したAは、会社の役員や従業員であれば退職を余儀なくされ、収入が途絶えてローンの返済ができなくなるという問題があります。

　また、Aが個人事業主の場合でも、事業を継続するための後継者がいない場合は廃業に追い込まれ、やはり収入が途絶えてローンの返済ができなくなるという問題があります。

2　債務引受契約等の検討

　Aの意思能力喪失により住宅ローンの返済ができない場合は、重畳的債務引受契約を検討する余地があります。例えば、Aの配偶者等に返済能力が認められる場合は、配偶者等との間で重畳的債務引受契約を締結し、債務引受人によって引き続きローンの返済を行ってもらう

というものです。

　重畳的債務引受は、主債務者Ａの承諾を得ることなく債権者である金融機関と債務引受人との２者間で有効に締結することができます。結果としてＡの意思に反する契約であった場合、免責的債務引受の場合は、Ａはその契約を取り消すことができますが、重畳的債務引受契約の場合は取り消すことはできません。

3　成年後見制度の利用

　なお、Ａのために後見開始の申立を行ってもらい、成年後見人が選任された場合、金融機関は、成年後見人との間で、Ａの住宅ローンの返済方法等について、返済能力に応じた変更契約を締結することができます。例えば、Ａが賃貸アパート経営を行っている場合に、その家族がＡの成年後見人となり、当該事業をＡの法定代理人として行うような場合は、Ａは引き続き事業収入を得ることができるので、住宅ローンもＡの成年後見人がＡの代理人として返済することができます。

――――――――――――――――――――――[融資契約]――
Q64　認知症を発症した債務者の預金相殺

　高齢の債務者Ａが認知症を発症し、延滞貸出金と預金を相殺しようと思っています。どうしたらよいでしょうか。

> **Answer**
>
> 　Ａが意思能力を欠く状態の場合、Ａに対する相殺通知では有効な相殺はできません。このような場合は、Ａについて後見開始の申立を行ってもらい、選任された成年後見人に対して相殺通知を行います。

■解説 --

1　預金相殺の方法と効力

　預金相殺をするための要件は、相殺する貸出債権（自働債権）と相殺される預金債権（受働債権）の双方の弁済期が到来していることです。この相殺可能な条件が調った場合を相殺適状といいますが、金融機関が相殺する場合、貸出債権の弁済期が到来してさえいれば、預金債権の弁済期が未到来でも、預金債務の期限の利益を放棄することにより相殺することができます（民法505条・136条）。

　延滞貸出金と預金との相殺は、金融機関から預金者に対する意思表示によってしなければならず（民法506条）、預金者に対する相殺通知の到達が相殺の効力発生要件となるため、実務上は、配達証明付内容証明郵便によって相殺通知を行います。また、相殺の効力は相殺適状時（双方の債権の弁済期が到来した時）に遡って生じますが、基本約定書等の特約により、相殺の充当計算は計算実行の日となります。

2　預金者の意思能力に問題がある場合

　相殺の効力発生要件は、相殺通知の相手方である預金者への意思表示であるため、預金者の意思能力に問題がある場合、有効に相殺できないおそれがあります。預金者Aが認知症を発症し意思能力を失っている場合は、Aに対して相殺通知を行っても、Aは相殺の意思表示を受領する能力を有しないので、相殺通知がAに到達しないことになり、有効な相殺はできません。

　なお、基本約定書等に基づく払戻充当という方法がありますが、この払戻充当は相殺ができる場合に限定されているため、相殺が有効にできない場合に利用できるのかという問題があります。また、払戻充当後の事後通知は必要と解されているため、受領能力を欠く相手方への通知では通知を欠くという問題があります。

　したがって、このような場合に法的に有効な相殺を行うためには、Aについて後見開始の申立を行ってもらい、選任された成年後見人に対して相殺の意思表示をするほかありません（民法98条の2）。

──────[融資契約]──────
Q65　融資先の代表者の認知症発症

融資をしている会社から「社長が認知症との診断を受けた」との連絡がありました。どうしたらよいでしょうか。

> **Answer**
> 代表者の能力喪失は、既存の融資契約の効力に何ら影響が及ぶことはありません。ただし、今後の融資取引に備え、すみやかに新代表取締役の選任手続をとってもらいます。

■解説 --

1　代表者の会社との関係と能力喪失

　例えば、株式会社と代表取締役等との関係は委任に関する規定に従うものとされており（会社法330条）、受任者（代表取締役）の後見開始の審判によって委任関係は当然に終了します（民法653条3号）。もしも、社長が認知症により意思能力を喪失している場合、申立によっていつでも後見開始の審判があり得る状態ですから、法人と代表取締役との委任関係は実質的には終了したことになります。また、成年被後見人や被保佐人は会社法上、取締役の欠格事由（会社法331条1項2号）となっていることから、意思能力を喪失した代表取締役は、実質的にこの欠格事由にも該当します。

2　既存の融資契約の効力

　会社と代表取締役との関係は委任関係ですから、代表取締役が健常者の時に会社のために行った融資契約のほか、会社所有不動産に対する根抵当権設定契約や第三者のための保証契約などが有効に成立すると、その融資契約等の効力は、金融機関と会社との間で有効に存続す

ることになります。その後、代表取締役が意思能力を失ったとしても、当該金融機関と会社間の融資契約等の効力に何ら影響はありません。

3 新代表取締役の選任

　会社との融資契約は、会社の代表機関である代表取締役を取引の相手方として行います。会社の借入意思の確認は、代表取締役に面談してその意思を確認しなければなりません。

　つまり、能力を失った代表取締役との間では融資契約を締結することはできないので、すみやかに新代表取締役を選任してもらうことが必要です。

■代表取締役の選任手続

　取締役会設置会社の場合、代表取締役の選任は取締役会で決議することとされ（会社法362条2項3号）、その際、取締役のなかから代表取締役を選定しなければならないとされています（同条3項）。

　取締役会の決議は、取締役の過半数が出席し、その取締役の過半数をもってなされ（同法369条1項）、この場合、被選任者も代表取締役の選任決議に参加することができます。

　なお、代表取締役の解任も取締役会の決議によってなされます（同法362条2項3号）。

[担保権設定契約]

Q66　高齢者の土地を担保とする融資申込

Ｂから「父Ａの土地を担保にするので融資してほしい」と言われました。Ａはかなり高齢なのですが、融資の申込を受けて大丈夫でしょうか。

> **Answer**
> まずＡの意思能力を確認する必要があります。この場合、複数の職員等が直接面談して判断することになります。万一、意思能力が疑われるときはそのまま担保提供を受け入れることはできません。

■解説---

1　Ａの意思能力が認められる場合

高齢者であるＡの土地を担保としたその子Ｂに対する融資については、担保設定契約の無効を主張されるのを防ぐ必要から、Ａの意思能力を確認する必要があります。意思能力が十分あると判断できるときは、Ａに対して、担保設定に関して説明し理解を得て、契約時の状況を詳細に記録に残し、Ａの署名・押印により契約を行います。さらにリスクを低減させようとする場合は、契約時の状況を録音や録画によって詳細に記録等に残しておくべきです。

2　Ａの意思能力が疑われる場合

一方、Ａの意思能力に疑問があると判断されるときはそのまま契約することはできません。その場合は成年後見制度を利用してもらうことになります。家庭裁判所によって選任された成年後見人等（保佐人・補助人も含む）の代理もしくは同意によって契約することになる

ことをBに理解してもらう必要があります。

　また、成年後見人等に選任された者がBのときは、成年後見人等と担保提供者との間で利益相反行為となります。この場合は、特別代理人を選任し、特別代理人と契約するか、後見監督人が選任されていれば後見監督人と契約することになります。

3　Aの土地が居住用不動産以外の場合

　Aの居住用不動産以外の物件に担保権を設定する場合、後見監督人が選任されているときは後見監督人の同意を得ることが必要です（民法864条・13条1項3号）。

　なお、成年後見人は、贈与や無担保貸付などは、成年被後見人（本人）の明確な意思・意向等が存しない限り、原則として禁止されます（東京家裁後見問題研究会編著「後見の実務」別冊判例タイムズ36号79頁以下）。抵当権設定行為も無償行為ですから、本人の明確な意思・意向等から是認できる場合でない限り、原則として禁止されるものと考えられます。Aの成年後見人が、BのためにAの土地に抵当権を設定したいと申し出た場合は、後見監督人または家庭裁判所の同意（本人の意向に沿うものとの確認等）を得ているかどうかを念のため確認したほうがよいでしょう（210頁以下参照）。

4　Aの土地が居住用不動産の場合

　一方、担保提供物件がAの居住用の不動産であるときは、成年後見人は、成年被後見人に代わって抵当権の設定をするには家庭裁判所の許可を得なければなりません（同法859条の3）。

　また、家庭裁判所の許可が必要となるのは、成年後見人だけでなく、後見監督人（同法852条）、保佐人（同法876条の5第2項）、保佐監督人（同法876条の3第2項）、補助人（同法876条の10第1項）、補助監督人（同法876条の8第2項）についても、それぞれ家庭裁判所の許可を得ることが必要となります。

――――――[担保権設定契約]――
Q67　抵当権設定者による抵当権の否認

　Bに対する融資の担保として高齢の父Aの土地に抵当権を設定しましたが、後日、Aから「抵当権を設定した覚えはない」と言われました。どうしたらよいでしょうか。

> **Answer**
> 　高齢者Aに対して、理解を得られるよう資料等を使って繰り返し説明することが大切です。Aが成年後見制度を利用した場合、成年後見人等から問い合わせがあれば、抵当権設定の経緯等を説明します。

■解説------------------------------------

1　与信取引等に関する顧客への説明態勢

　契約にあたっての意思確認については、金融庁による「主要行向けの総合的な監督指針」ならびに「中小・地域金融機関向けの監督指針」(以下、「監督指針」という)の「与信取引等に関する顧客への説明態勢(Ⅱ-3-2-1-2)」において、契約の内容を説明し、担保提供意思等の契約意思があることを確認したうえで、職員の面前で契約者本人から契約書に署名・押印を受けることを原則としているかとされています。

　さらに、顧客から求められたときは、事後の紛争等を未然に防止するため、契約締結の客観的合理的理由についても、顧客の知識、経験等に応じ、その理解と納得を得ることを目的とした説明を行うこととされ、担保提供者の意思確認については、極度額等の契約内容について、債務者との取引状況や今後の見通し、担保提供者の財産の状況を

踏まえた契約締結の客観的合理的理由を説明することされています。

2 本人が署名・押印した契約書等によることの説明

したがって、Aに対してまず、担保提供についての証明資料として、本人が署名・押印した担保設定契約書を示し、加えて意思確認に係る証明資料として、Aが理解した旨の資料等をそろえ、契約時点で十分な理解を得ていることを具体的な意思確認方法の説明を含めて資料とともに詳しく説明することが必要です。

以上の説明を繰り返しても、本人が設定した覚えがないと、どうしても納得しないときは、Aが認知症などのため記憶がなくなったことが考えられます。この場合において、Aのために成年後見制度が利用された場合は、抵当権設定登記の経緯等について問い合わせがあれば、Aの成年後見人等に説明することになります。

3 高齢者の判断能力に疑問がある場合の対応

なお、高齢者Aと抵当権設定契約を締結するにあたっては、前記1記載のように、Aに担保のリスク等についての説明をして担保提供意思の確認をしますが、その際にAの意思能力に疑問が生じた場合は、Aとの抵当権設定契約は厳に慎まなければなりません。後日、抵当権設定契約を締結するための意思能力が欠けていたとして、無効を主張されるおそれがあるためです。

また、このような場合に、Aについて成年後見制度が利用され、Aの成年後見人がBのためにAの土地に抵当権を設定したいと申し出た場合は、利益相反行為に該当しない場合でも、家庭裁判所の同意（本人の意向に沿うものとの確認等）を得ているかどうかを念のため確認したほうがよいでしょう（Q66-3、210頁以下参照）。

────[担保権設定契約]─

Q68　抵当権設定契約書の代理署名

　融資申込をした息子Ｂが高齢の父Ａに代わって抵当権設定契約書にＡの署名をして持参してきました。このまま受け付けても大丈夫でしょうか。

> **Answer**
> 　Ａの署名がＡ本人のものであるか、また、抵当権設定意思の確認、あわせて抵当権設定契約の内容についても、直接Ａに会って確認しなければなりませんので、このまま受け付けることはできません。

■解説 --

1　契約内容の説明と意思能力の確認

　契約にあたっての意思確認については、Ｑ67で引用する監督指針に示されているとおり、担保設定契約締結時には、契約者本人Ａに対して担保の種類、被担保権の内容、その効果などを本人と実際に面談のうえ十分に説明し、本人が説明を理解しているなど意思能力が十分であることを確認することが欠かせません。

2　本人の署名の確認と意思確認、説明責任

　契約は本人と締結することが必要ですから、抵当権設定契約書にＡの署名をして持参してきたとしても、その署名は本人のものであるか確認する必要があります。

　また、本人の筆跡であったとしても、担保設定契約の内容についてＡに直接説明することが必要です。Ａに意思能力があるか、説明を理解したかを確認しなければなりませんので、このまま受け付けること

はできません。

　改めてAに面談して、意思能力を確認し、抵当権に関する説明を直接行い、契約書等には職員の面前で署名・押印を行ってもらうことが必要です。

　親子間の信頼関係から契約書類について子供が親の署名等について、代わって行うことが考えられます。しかし、金融機関の実務上、契約書等の署名・押印は職員の面前で行うこと、その際意思能力の確認をすること、説明義務を果たすため、契約内容の説明を理解度に応じて行い、理解した旨を確認することが必要です。そして、これらの意思確認、説明責任を果たした旨の内容を資料として保存しておきます。後日になって、契約を否認されたときのリスクに備えることが必要となるからです。

[担保権設定契約]

Q69 登記留保扱いの根抵当権設定者が意識不明の状態になった場合

高齢者Ａから登記留保扱いの根抵当権設定を受けていたところ、Ａが意識不明の状態になっていることが判明しました。どうしたらよいでしょうか。

Answer

登記留保中に根抵当権設定者が意識不明になったときは、根抵当権の登記をすることができず、そのため、当該不動産について善意の第三者が権利を取得したときは、その第三者に対抗することはできません。したがって、このような場合は、成年後見人等を選任してもらい、成年後見人等を共同申請人として改めて登記を行います。

■解説

1 登記留保とは

登記留保とは、不動産を担保にとる際に、債務者の信用状態が良好の場合など、貸付期間が短期であって、登記費用を節約したい場合や債務者が登記することに納得しない場合などで債権保全上の懸念がないと判断できるときについて、根抵当権設定契約を交わすだけで登記を留保することをいいます（注）。

2 根抵当設定者の意識不明と登記の可否

しかし、登記留保している間に根抵当権設定者が意識不明になったときは、その根抵当権を登記することはできなくなります。根抵当権設定登記を行うためには、登記権利者から登記義務者に対して登記申請の協力を求める必要があり、根抵当権設定者と根抵当権者の両者が

共同申請する必要がありますが、根抵当権設定者が意識不明の状態では共同申請することは原則としてできなくなります。

3　契約者の意識不明と契約の効力

なお、登記義務者であるＡが意識不明の状態になっても、登記を留保していた根抵当権設定契約自体は、当事者間では有効です。しかし万一、その不動産について第三者が何らかの権利を取得したときは、その第三者に根抵当権をもって対抗することができないおそれがあります。登記は第三者対抗要件であるからです（民法177条）。そのため、配偶者または同居の親族（4親等内）に対して成年後見制度の利用を依頼し、選任された成年後見人等との間で登記を実行し、第三者対抗要件を具備しておくことが必要です。

(注)　登記留保にあっては、根抵当権者は公正証書による根抵当権設定契約書を提出することによって、設定契約に基づいて差押・根抵当権実行の申立をすることができます。また、登記済証（権利証）が存在するときはその証書を保管することで、根抵当権設定者の不動産処分を事実上制約する効果があります。しかし、登記留保した根抵当権をもって善意の第三者に対抗することはできません（民法177条）。

[担保権設定契約]

Q70　抵当権設定者の認知症発症

高齢者Ａと抵当権設定契約後、Ａの家族から「Ａが認知症になった」との連絡を受けました。どうしたらよいでしょうか。

Answer

高齢者Ａが抵当権設定契約後に認知症となって、意思能力を欠くことになったとしても、契約当時意思能力があって契約している以上、抵当権設定契約は有効です。また、契約後に認知症となり、意思能力を欠く常況となったときは、以後はＡとは取引を行うことはできません。以後の取引については、成年後見等の申立を行ってもらい、選任された成年後見人等と取引することになります（198頁以下参照）。

■解説

1　抵当権設定者の意思能力喪失と契約の効力

　融資を行う際に、資力のある高齢者が所有する不動産に担保権の設定を受けることがあります。担保設定契約を締結するときに、その高齢者に意思能力が認められれば、その契約は有効です。

　しかし、高齢者では債務が完済されるまでに意思能力を欠くことになる可能性があります。特に長期間にわたる住宅ローン等ではその可能性があり得ます。

　ただ、抵当権を設定した高齢者が認知症となり、意思能力を欠くことになった場合でも、抵当権設定契約が無効となることはありません。なお、契約時の意思確認資料、署名・押印した契約書を保存しておくことが大切です。

2　意思能力喪失後の対応

　しかしながら、意思能力を失っていますから、以後の取引については成年後見人等を選任してもらい、その成年後見人等と取引することになります。選任された者が成年後見人であるときは、その後見人を代理人として取引することになります。

　選任された者が保佐人であるときは、同意権がありますから、以後の抵当権に関する取引を行うときは保佐人の同意を得る必要があります（民法13条1項）。同意を得ないで行うと取り消される可能性がありますので、注意が必要です。なお、保佐人に代理権が付与されている場合がありますので、そのときは保佐人を代理人として取引します（同法876条の4）。

　補助人が選任されたときは、当該補助人の同意権の範囲を確認する必要があります。家庭裁判所は被補助人が特定の法律行為について、補助人の同意を得なければならないとする審判をすることができるからです（同法17条1項）。補助人の同意を要する行為について、同意を得ないで行った行為は取り消されるおそれがあります（同法17条4項。198頁以下参照）。

[担保権設定契約]

Q71　認知症患者との抵当権設定契約

高齢のAは面談時には意思能力があり、認知症の症状は見られなかったので抵当権設定契約を締結したところ、後日、Aは認知症と診断されていたとして、Aの家族Bから契約の無効を主張されました。どうしたらよいでしょうか。

Answer

抵当権設定契約時点において、高齢者の意思能力に問題がない場合は、その契約は有効に成立していますので、後日、当該高齢者が認知症と診断されても無効になることはありません。したがって、家族の方から無効の主張があった場合は、その旨を丁寧に説明して理解していただくようにすべきです。

■解説

1　知識に乏しい高齢者に対する説明と留意点

契約にあたっての意思確認については、Q67で引用する監督指針に示されているとおりですが、高齢者に不動産取引の経験がほとんどなく、抵当権等に関する知識も乏しいときは、抵当権設定契約の内容を詳しく説明して理解を得る必要があります。

特に、債務者が返済不能となったとき、その不動産を処分する可能性があることの理解を得たうえで、担保提供した旨の意思確認を記録しておく必要があります。

そのために、複数の職員および親族等の立会いのもとでの意思確認、印鑑証明の添付と実印の押印、意思確認と確認時の状況等の記録

により対応を図ることになります。

2　Aが認知症と診断されていた場合

　高齢のAが認知症と診断されていたとしても、金融機関はその旨を知らされず、また、成年被後見人等の審判を受けていない場合において、Aとの面談時に認知症の症状は見られず、Aに契約内容の説明を行っており、その内容を理解したと複数の職員が判断し、かつAに意思能力が認められるときは、その契約は有効に成立しています。

　後日、Aは認知症と診断されていたとして、Bが無効を主張しても、Aの意思能力を確認し、面談時に説明を理解した旨の確認書とAの署名・押印によって契約した以上、契約の有効を主張することになります。ただし、裁判上の争いになった場合は、Aは診断書によれば認知症が中等度進行しており、抵当権設定契約を有効に締結する意思能力を有していたとは認められないとして当該抵当権設定契約は無効とされるおそれがあります（東京地判平成9・2・27金融・商事判例1036号41頁）。

　なお、Bに対して今後の取引のために、成年後見制度の利用を依頼することが必要と考えられます（203頁以下参照）。

[担保権設定契約]

Q72　聴覚障がいのある高齢者との抵当権設定

聴覚障がいのある高齢者Ａとの抵当権設定契約にあたり、Ａは特に疑問を呈する様子もなく契約書に署名・押印をしていたので、特に手話による会話はしなかったのですが、問題ないでしょうか。

Answer

聴覚に障がいがあるときは、契約当時に内容を、手話や筆談（以下、「手話等」という）による説明を行い、意思能力の確認と契約内容を理解した旨の「確認書」徴求が望まれます。したがって、至急、改めてＡに対して手話等による説明を行い、意思能力の確認を行うとともに、契約内容を理解した旨の確認書を徴求しておくべきです。

■解説

1　聴覚障がいがある者との担保設定契約

聴覚能力に障がいがあったとしても意思能力に問題ないことが確認できれば、単独で有効に抵当権設定契約を行うことができます。

ただし、前掲の監督指針によれば、「成年後見制度の対象でなく意思能力がありながら、視覚・聴覚や身体機能の障がいのために銀行取引における事務手続等を単独で行うことが困難な者に対しても、視覚や聴覚に障がいがない者と同等のサービスを提供するよう配慮する必要がある」（Ⅱ－8－1）とされていますので、契約方法について慎重さが求められます。

2　視覚障がい者への対応上の留意点

融資取引にあたっては、自筆困難者への対応、視覚障がいがある方

への代読について指針が示されています。特に視覚障がいがある方への対応について、「視覚障がいがある者から要請がある場合は、銀行の職員が当該者に係る取引関係書類を代読する規定及び態勢を整備しているか、その際、個人情報の漏洩を防ぐとともに、複数の職員が代読内容を確認し、その確認をしたという事実を記録として残すこととしているか」と詳細な指針が示されています。

3 聴覚障がい者への対応上の留意点

聴覚障がい者については手話等による説明を行うとする指針は示されてはいないものの、視覚障がい者への対応と同様に、「聴覚障がい者から手話等による説明を行うよう要請があるときは、視覚障がい者への代読と同様に考え、手話等による説明を実施する必要がある」と考えるべきと思われます。

なお、説明にあたっては、万一、債務者が期限の利益を失ったときは担保が処分されることなどの詳しい説明を行い、その内容を理解できたこと、同時に意思能力があることを確認しておくこと、以上について家族や複数の職員の同席のもとで実施した説明内容を記録しておくことが大切です。

［担保権設定契約］
Q73　成年被後見人の居住土地・建物への抵当権設定

成年後見人Ｂから「成年被後見人Ａに代理してＡが居住する土地・建物に抵当権を設定したい」との申し出がありました。どうしたらよいでしょうか。

Answer
　　成年被後見人Ａの居住用の不動産への抵当権の設定は、成年後見人が単独で行うことはできません。家庭裁判所の許可が必要とされていますから、その許可書を徴求する必要があります。

■解説 --

1　成年被後見人の居住の用に供する不動産の処分

　成年後見人は成年被後見人の財産に関する法律行為について、自己の判断に基づいて成年被後見人の財産を処分することができます。しかし、成年被後見人の居住の用に供する建物またはその敷地の処分については、家庭裁判所の許可を得なければなりません。抵当権の設定についても同様に単独で行うことはできず、家庭裁判所の許可が必要となります（民法859条の３）。
　「居住の用に供する」とは、生活の本拠として現に居住しているか、居住する予定がある不動産を指します。したがって、例えば、現在は有料老人ホーム等の施設に入所していても、入居前に居住していた不動産は居住用の不動産に該当しますので、成年後見人等が処分するには家庭裁判所の許可が必要となります。
　また、「処分」とは売却だけに限らず「賃貸、賃貸借の解除又は抵当

権の設定その他これらに準ずる処分」とされていますので、いわゆる「リバースモーゲージ」(注)の利用も許可の対象とされています。

　成年被後見人の居住用の不動産の処分に家庭裁判所の許可が必要であるのと同様に、保佐人、保佐監督人、補助人、補助監督人にもそれぞれ被保佐人、被補助人の居住用の不動産の処分である場合は、家庭裁判所の許可が必要となります（同法876条の5第2項・876条の3第2項・876条の10第1項・876条の8第2項）。

2　抵当権設定行為が利益相反行為となる場合

　また、成年後見人Bが成年被後見人Aの配偶者や子供などの場合であって自らの債務を担保するために、成年被後見人Aの居住用の不動産（土地・建物）に抵当権を設定しようとすることが考えられます。この担保設定行為は成年被後見人との間では利益相反行為になりますので（同法860条）、特別代理人を選任することを家庭裁判所に請求する必要があります（同法826条1項）。家庭裁判所はその親族もしくは成年後見人の請求があったときは、職権で後見監督人を選任することができ（同法849条）、その後見監督人が成年被後見人を代表することになりますので、その後見監督人と契約する必要があります。

　なお、利益相反行為については、保佐人、補助人についても同様に、臨時保佐人または臨時補助人の選任が必要です。ただし、保佐監督人、補助監督人がある場合はそれぞれが代表することになります（同法876条の2・876条の7）。

（注）　居住用の不動産を担保にして生活資金の融資を年金方式で受け、契約や遺言により本人死亡時に担保不動産を処分して弁済させる融資を指します。

---[担保権設定契約]---
Q74　成年後見人の会社債務への成年被後見人の担保提供

成年後見人Ｂから、「自分の経営する会社の事業資金融資の担保として成年被後見人Ａの所有する土地に抵当権を設定するので融資してほしい」旨の申し出がありました。どうしたらよいでしょうか。

Answer

本問のような場合は、利益相反行為に該当しますので、特別代理人と取引する必要があります（民法826条）。なお、後見監督人が選任されているときはこの者と取引します。

■解説

同一の行為が成年後見人等には利益となるものの、被後見人等には不利益となる行為を利益相反行為といい、成年後見人等が代理することは禁止されています。

1　利益相反行為の判断基準

利益相反行為になるかどうかの判断基準は、その行為の外形から判断すべきであり、後見人の意図や当該行為の実質的効果等によって判断すべきでないとする形式的判断説が判例であり（最判昭和42・4・18金融・商事判例529号202頁）、実務の取扱いとされています。

また、親権者と子の事案ですが、親権者自身が金員を借り受けるにあたり、当該債務につき被後見人の所有不動産の上に抵当権を設定することは、仮に、当該借入金を子の養育費に充当する意図があった場合でも利益相反に当たる、とする判例があります（最判昭和37・10・2判例タイムズ146号84頁）。

なお、保佐・補助における利益相反行為についても、成年後見人の

場合と同様、臨時保佐人または臨時補助人が必要となります（民法876条の2第3項・876条の7第3項）。

2 本問の場合

　成年後見人Bが自分の経営する会社の事業資金融資のために、成年被後見人Aの所有する土地に抵当権を設定する行為は利益相反行為に該当しますので、BはAに代わって抵当権を設定することはできません。この場合は、特別代理人を選任してこの者と取引するか、後見監督人が選任されているときは後見監督人との間で取引することが必要です。

■最高裁昭和37年10月2日判決（抜粋）

　「親権者が子の法定代理人として、子の名において金員を借受け、その債務につき子の所有不動産の上に抵当権を設定することは、仮に借受金を親権者自身の用途に充当する意図であっても、かかる意図のあることのみでは、民法826条所定の利益相反する行為とはいえないから、子に対して有効であり、これに反し、親権者自身が金員を借受けるに当り、右債務につき子の所有不動産の上に抵当権を設定することは、仮に右借受金を子の養育費に充当する意図であつたとしても、同法条所定の利益相反する行為に当るから、子に対しては無効であると解すべきである。」

------[保証契約]------
Q75　認知症ぎみの高齢者との保証契約

Bに融資するにあたり、Bから「父Aは多少認知症ではあるが、多額の資産を持っているのでAを保証人として融資してほしい」と言われました。どうしたらよいでしょうか。

> **Answer**
> 直接Aに面談して、意思能力が十分にあることを確認する必要があります。その際、意思能力が十分であることが確認できれば保証人となることが可能と考えられます。なお、Aの成年後見人等と保証契約を締結する場合は、家庭裁判所の了解を得ているか念のため確認したほうがよいでしょう。

■解説

1　Aの意思能力が十分でないと判断される場合

Aと直接面談して、万一会話の内容が理解できないなど、意思能力が十分でないと判断したときは、保証契約など本人の財産に関して契約を締結することはできません。後日、認知症の影響で契約締結当時意思能力に欠けるとして、保証契約の無効を主張される可能性があります。判例上、意思能力を欠く者の意思表示は無効とされているため、契約締結当時、認知症であったことを立証されたとき、契約は無効となる可能性があります。

2　保証契約締結の際の説明責任

また、Aと保証契約を締結しようとする際の説明責任として、監督指針の「与信取引等に関する顧客への説明態勢（Ⅱ－3－2－1）」において、「個人保証契約については、保証債務が実行されることによ

って自らが責任を負担することを受容する意思を形成するに足る説明を行うこととしているか。例えば、保証契約の形式的な内容にとどまらず、保証の法的効果とリスクについて、最悪のシナリオ、即ち実際に保証契約を履行せざるを得ない事態を想定した説明を行うこととしているか、連帯保証については、補充性や分別の利益がないことなど、通常の保証契約とは異なる性質を有することを、相手方の知識、経験等に応じて説明することとしているか」とされています。したがって、Aには十分な意思能力があるとともに、以上の説明を理解する理解力が必要となることになります。

さらに、経営者以外の第三者との間での個人連帯保証契約について、「経営に実質的に関与していない場合であっても保証債務を履行せざるを得ない事態に至る可能性があることについて特段の説明をしているか」とされています。

以上の説明責任を果たしたうえで、Aの意思能力が十分であるときに限って契約ができます。

3　成年後見人等と保証契約を締結する場合

成年後見人による贈与や無担保貸付などは、成年被後見人（本人）の明確な意思・意向等が存しない限り、原則として禁止されます（東京家裁後見問題研究会編著「後見の実務」別冊判例タイムズ36号79頁以下）。保証行為や抵当権設定行為などの無償行為についても、本人の明確な意思・意向等から是認できる場合でない限り、原則として禁止されるものと考えられます。

例えば、Aの成年後見人がBの借入について保証契約をしたいと申し出た場合、利益相反行為に該当しない場合でも、家庭裁判所の同意（本人の意向に沿うものとの確認等）を得ているかどうかを念のため確認したほうがよいでしょう（210頁以下参照）。

──────────────[保証契約]──────────────
Q76　保証契約締結後の認知症発症

　高齢のＡと保証契約を締結しましたが、後日、Ａの家族Ｂから「Ａが認知症になってしまった」との連絡がありました。どうしたらよいでしょうか。

Answer

　高齢者Ａが保証契約を締結し、後日、認知症となって意思能力を欠くことになったとしても、契約当時十分な意思能力があれば保証契約は有効です。契約時の意思確認資料、署名・押印した契約書などを確認しておきます。また、契約後に認知症となり、意思能力を欠く常況となったときは、以後、Ａとは取引を行うことはできません。

■解説

　融資を行う際に、資力のある高齢者が保証人を引き受けることがあります。保証契約を締結するときに十分な意思能力が認められるときはその契約は有効です。しかし、債務が完済されるまでに高齢者が意思能力を欠く可能性があります。その場合でも、保証契約は何ら影響は受けず、認知症になったからといって保証契約が無効になることはありません。ただし、以後の取引は行うことはできません。意思能力のないＡは法律行為を行うことはできないからです。

　したがって、以後のＡとの取引については、成年後見制度を利用してもらうことになります。

　成年後見人（保佐人・補助人）の選任についてはQ70をご参照ください。

―――――――――[高齢者との保証契約]―――
Q77　認知症を理由とする保証契約の解除

　高齢のＡは保証契約締結当時、日常生活に支障のない軽度の認知症でしたが、その後、症状が進行したため、Ａの息子Ｂから保証契約の解除を求められました。どうしたらよいでしょうか。

> **Answer**
> 　保証契約が有効に成立している以上、解除の要求に応じる必要はありません。

■解説

　保証契約締結のために必要な意思能力を有する者が、有効な保証契約を締結した後に制限行為能力者や無資力者となっても保証契約は有効とされています。

　高齢者と保証契約を締結するにあたっては、意思能力と返済能力を有しているかを検討する必要がありますが、保証契約を締結するときは、契約締結時に契約者本人に、意思能力が十分にあることを確認のうえ、保証契約の内容を説明し、本人が理解したこと、保証意思を確認できたことを記録して証拠として保存しておくことが必要です。

　この点について、監督指針の「与信取引等に関する顧客への説明態勢（Ⅱ－3－2－1）」において、意思能力があることを確認したうえで契約者自身の署名・押印を受けること、最悪の場合は保証債務を履行しなければならないこと等を説明することとされていますので、この点にも注意が必要です。なお、本問の場合、医師の診断書等で保証契約を理解する能力を確認することが望ましいでしょう。

------[保証契約]------
Q78　保証意思が疑われる場合

　Bへの融資について保証人として同席した高齢の父Aに保証の意思を確認したところ、「了解しました」との返事がありましたが、「了解した」とだけ言えばいいとBに言い含められていたことが判明しました。どうしたらよいでしょうか。

> **Answer**
> 　本問のような場合において、Aが「了解しました」と言ったとしても、会話全体のなかで保証について理解できていないことが明らかなときは、保証契約は無効となるおそれがあります。そのため、改めてAと面談を行い意思能力の状況、保証契約の理解度の確認を行います。

■解説 --

1　「了解した」との返事の有効性

　保証人である高齢の父Aに保証の意思を確認し、「了解しました」との返事があったとしても、金融機関は保証人の意思能力の確認ならびに保証契約の内容について理解した旨を確認する必要があります。「了解しました」とだけ言えばよいとBに言い含められて回答したとしても、その回答が意思能力を確認できる程度の会話であるかが問題となります。会話の内容から保証が理解できていないことが明らかなときは、保証契約は無効となるおそれがあります。

　保証人として同席した高齢の父Aに意思能力があれば、「了解した」との返事は有効ですが、意思能力が不十分で、意味を理解せず言った場合は、その言葉は本人の意思によるものではないため保証契約は無

効と考えられます。そもそも表意者の意思能力が欠けているときは意思表示自体が無効とされるからです。

なお、Bに「了解した」とだけ言えばよいと言い含められていたことが判明した以上、改めてAと面談を行い、意思能力の状況、保証契約の理解度の確認を行うことが必要です。

2 Aの意思能力が欠けていたことが判明した場合

万一、意思能力に欠けていることがわかったときは、当該保証契約は無効ですから、無効な契約を追認することはできません（民法119条）。そこで、成年後見人を選任してもらい、成年後見人にAの代理人として保証契約を締結してもらうよう交渉するほかありません。

■保証人の意思能力がないことを理由に保証契約が無効とされた事例（福岡高判平成16・7・21金融・商事判例1204号26頁）

Aに対する貸付の担保としてXがYとの間で締結した連帯保証契約について、福岡高裁は以下の理由により無効とした。

「Yの金銭の価値についての理解は、簡単な買い物、給料などについては及んでいるが、……本件連帯保証契約は簡単な買い物や給料額を遙かに超える150万円であること、……本件連帯保証契約の利息年28.835％、遅延損害金年29.2％の意味（元金返済を遅滞すると3年余りで返済額が借入金の2倍の300万円に達する）を理解できていないこと、にもかかわらず、Yが本件消費貸借契約書等に署名したのは、Yは他者から強く指示されると抵抗できない性格であり、Aから『余計なことは言うな』と言われていたことなどから、AとXの従業員から言われるままに行動した結果であることが認められ、これらの事情を考慮すると、Yは本件連帯保証契約締結の結果を正しく認識し、これに基づいて正しく意思決定を行う精神能力を有していなかったというべきである。」

―――――――――――――――――――――――――[保証契約]―
Q79　意思能力がないことを理由とする家族からの保証契約解除

　高齢のＡと保証契約締結後、Ａの息子Ｂが「保証契約締結時、父は通常の判断ができる状態ではなかった」として保証契約の解除を求めてきました。どうしたらよいでしょうか。

> **Answer**
>
> 　保証契約が有効に成立していれば、後日、Ａの息子Ｂが保証契約の解除を求めてきても応じる必要はありません。署名・押印した契約証書や意思確認の資料等により契約が有効である旨をＢに説明し、納得を得るようにします。

■解説 ――――――――――――――――――――――――

1　保証人の要件と保証意思等の確認

　債務者が保証人を立てる義務を負う場合、その保証人が保証契約を締結する時点においては、保証人は行為能力者であること、弁済をする資力を有する者でなければならないとされています（民法450条１項）。また、保証契約を締結するにあたっては、保証意思等を確認したうえで、契約者本人から契約書に署名・押印を受けることとされています（監督指針Ⅱ－３－２－１）。

2　保証契約締結の際の説明責任

　さらに、個人保証契約を行うに際しては、その保証債務が実行されることによって自らが責任を負担すること（最悪の場合、保証債務を履行せざるを得ないこと）も説明することとされています（監督指針Ⅱ－３－２－１－２）。

　高齢者の場合、保証契約締結後、短期間で意思能力が低下する可能

性があるので、後日、契約時の意思能力の有無について争いが生じる場合に備えて、保証契約締結の合理的理由、契約時の意思確認の経緯等について、関連する資料もあわせて詳細に記録しておく必要があります。また、必要に応じて、家族や第三者の立会を求めるなどして、高齢者が保証契約締結時点では、保証の内容を理解したうえで契約したことに加えて、必ず自署ならびに押印を求めて、自らの自由な意思で契約したことを証明できるようにしておく必要があります。

さらに意思能力に問題がないと思われたとしても、保証債務が多額であるなどリスクが大きい場合は、高齢者には後見等に関する登記が行われていないことを証明する「登記されていないことの証明書」の提出を受けておくことも考慮すべきと思われます（227頁参照）。

3　保証契約の解除請求への対応

以上の方法を考慮して保証契約を締結した場合は、後日になって保証契約の無効を主張されても契約の有効性について問題ないことを説明します。

保証人が弁済する資力を失ったときは、債権者は新たな保証人を請求することができますが（民法450条2項）、保証人の行為能力が欠けても保証契約に影響を与えることはありませんので（能見善久・加藤新太郎編集『論点 体系判例民法4 債権総論』244頁）、成年後見制度の利用を依頼し、以後の取引について成年後見人等との間で継続することができます。

―――――――――――――――――――――――――[保証契約]―
Q80　会社の経営に関与していない者の保証契約

　高齢のＡは、息子Ｂの経営する会社の取締役として会社の債務を保証していましたが、Ｂから「Ａは経営にはまったく関与していないので、保証契約を解除してほしい」と言われました。どうしたらよいでしょうか。

> **Answer**
> 　Ａは息子Ｂの経営する会社の取締役ですから、経営にまったく関与していないとしても取締役としての責任が免除されるわけではなく、経営への関与がないことを理由に保証契約を解除することはできません。

■解説 ―――――――――――――――――――――――――

1　取締役の善管注意義務と忠実義務

　株式会社の取締役には善管注意義務（会社法330条、民法644条）ならびに忠実義務（会社法355条）がありますので、これらの義務について取締役として理由なく免れることはできません。したがって、Ｂの経営する会社の取締役として経営にまったく関与していないとの申し出を受けたとしても、保証契約を解除する必要はありません。

2　Ａの意思能力・保証意思の確認

　なお、経営にまったく関与していないとのＢの申し出については、Ａに直接面談し、意思能力の確認、会社債務の保証について本人に意思確認を行います。万一、取締役を辞任する意向であるときは、辞任時点の約定の会社債務について保証債務を負担することになります。Ａにこの旨を説明し、理解を得るようにします。

3　監督指針との関連

　監督指針では、「経営者以外の第三者との間で個人連帯保証契約を締結する場合、個人連帯保証契約については、経営者以外の第三者の個人連帯保証を求めないことを原則とする方針を定めているか」とされ、経営者以外の第三者の個人連帯保証を求めないことを原則とする融資慣行の確立等（Ⅱ－10）として、「経営者以外の第三者が経営に実質的に関与していないにもかかわらず、例外的に個人連帯保証を締結する場合には、当該契約は契約者本人による自発的な意思に基づく申し出によるものであって、金融機関から要求されたものでないことが確保されているか」と規定されています。

　この監督指針との関連については、代表者の父親が取締役である場合、実態として経営に関与していない可能性はあるものの、少なくとも会社の取締役で、かつ経営者の父親であって、単なる第三者に該当する者ではないことが明白です。

　しかし、高齢となった者が取締役を辞任することはあり得ることです。その場合、取締役と会社の関係は委任関係ですから（会社法330条）、いつでも辞任は可能です。

　ただし、既述のとおり、取締役在任時の義務を免れることはできませんので、Aは取締役在任時の保証債務については継続して責任を負うことになります。

Ⅳ 金融商品取引

Q81　適合性の原則違反が疑われる場合

高齢のＡに対して投資信託の商品説明をしたところ、ただうなずくだけで何も言わず申込書に署名をしていました。これで大丈夫でしょうか。

Answer

　投資信託の販売では、顧客の知識・経験等に照らして、説明をしなければなりません。ただうなずくだけでは商品の内容を十分に理解しているとは言いがたく、説明方法に問題があります。

■解説 --

1　適合性の原則とは

　投資信託のようなリスク商品の販売に際しては、金融商品取引法に基づく適合性の原則に則った販売を行わなければなりません。

　適合性の原則とは、顧客の知識、経験や財産の状況および金融商品取引契約を締結する目的に照らして、不適当と認められる勧誘を行ってはならないという原則のことです（金融商品取引法40条1項）。不適切な勧誘を行うことは、投資家保護の意識に欠けるとともに、現実に投資家に損害を及ぼす可能性もあるからです。

　具体的には、金融機関は、ある特定の利用者に対しては、いかに説明を尽くしたとしても、その人にふさわしくない商品の販売・勧誘を行ってはなりません。例えば、安全な投資を望んでいる人に、リスクの大きな商品の勧誘を行おうとすることは、典型的な適合性の原則の規制対象行為に当たります（いわゆる狭義の適合性の原則）。

また、勧誘・販売を行ってよい商品であっても、顧客属性（知識、経験、財力、投資目的等）に照らしてその顧客に理解してもらえるだけの説明をせずに、勧誘・販売してはなりません（いわゆる広義の適合性の原則）。

2　適合性の原則の判断基準

適合性の原則の判断基準としては、最高裁平成17年7月14日判決（金融・商事判例1228号27頁）が参考になります。同判決では、適合性の原則に著しく逸脱した証券取引の勧誘の場合には不法行為が成立し、その際の顧客の適合性の判断にあたっては、具体的商品特性を踏まえて、顧客の証券取引の知識、投資経験、財産状態、投資意向等の諸要素を総合的に判断する必要がある、と判示しています。

つまり、

① 適合性の原則を著しく逸脱した勧誘方法については不法行為が成立する

② 適合性の原則の判断にあたっては、具体的な商品特性および顧客属性との関係において総合的に判断すべき

ということです。

3　実務対応

本問のように、ただうなずくだけで、何も言わない状態では、Aが商品の特性（内容・リスク等）を理解しているかを判断することは難しく、十分な説明を行っているとは言いがたいと考えられます。このような場合には、本人の健康状態や会話の状況等から、リスク商品の勧誘を行えるだけの状態にあるのかを判断した後に、具体的な商品の説明等を行う等、慎重な対応が求められます。

Q82　適合性の原則違反を理由とする契約の解除

高齢のＡに投資信託を販売する際、十分な説明をしましたが、後日、Ａの息子Ｂから「Ａは説明の内容を理解できる状態ではなかった」として、契約の解除を求められました。このような事態を防ぐにはどうしたらよいでしょうか。

Answer

高齢者に対する投資信託の販売に関しては、勧誘に先立ち、当該高齢顧客との面談や会話により健康状態や理解力等を確認するとともに、後日のトラブル等に備えるために、記録を作成し、保存しておくべきです。

なお、適合性の原則に照らして、特に問題がないと判断した場合には、家族からの契約解除の申し出については、誠実かつ丁寧に対応しつつも、解除できない旨を理解していただく必要があります。

■解説

1　高齢者の健康状態を要因とする苦情

投資信託等の投資商品に関する紛争を扱う金融ＡＤＲ（金融機関と顧客とのトラブルを、裁判によらずに解決する手続）機関である、「証券・金融商品あっせん相談センター」や「全国銀行協会相談室」の事業報告等には、病気により心身ともに正常でなく、判断能力が低下していたことを原因とする紛争事例等が紹介されています。

一般的に高齢者は、身体的な衰えに加え、記憶力や理解力が低下してくることもあるとされています。見た目には何ら変化がなく、過去

の投資経験が豊富な顧客で、勧誘時点における理解も十分であったと思える顧客が、数日後には自身が行った取引等をまったく覚えていなかったという事例もみられます。その結果、本人やその家族から苦情の申立がなされ、ＡＤＲによるあっせんや訴訟となってしまうケースも生じています。

2　高齢者に対するリスク商品の販売姿勢

　一般的に、顧客に意思能力がない場合は、契約自体が無効になることは言うまでもありませんが、高齢者については、契約（勧誘）時点では十分に説明を理解していたと思われるような場合でも、数日後には何も覚えていないというようなことが、投資信託の販売に限らず、金融機関の取引においては、しばしば起こり得ます。

　とりわけ、顧客に損失を生じさせる可能性のあるリスク商品の販売においては、トラブル等が生じるリスクも高いことから、かかる事態を想定して慎重に対応しなければなりません。

　具体的には、日本証券業協会（以下、「日証協」という）が作成した「協会員の投資勧誘・顧客管理等に関する規則」（以下、「自主規制規則」という）5条の3や、「高齢顧客への勧誘による販売に係るガイドライン」（以下、「ガイドライン」という）、金融庁の監督指針等の規定されている趣旨に基づいた対応を行う必要があります。

　ガイドラインの詳細については、Q86以降をご参照ください。

Q83　家族による投資信託契約の解除

　Aは、高齢ではあるものの投資経験もあり、内容を理解して投資信託を購入してもらいましたが、後日、Aの家族Bから「投資信託の契約を解除してほしい」との申し出がありました。このような申し出を防ぐにはどうしたらよいでしょうか。

> **Answer**
> 　適合性の原則に適った商品を勧め、十分に説明したうえで投資信託を販売したのであれば、販売自体に問題はないのですが、後日のクレームを防ぐためには、家族等の同席により説明を行う等の配慮が必要です。

■解説 ---

1　苦情対応の留意点

　金融機関が投資信託を勧誘販売した顧客との紛争や苦情等は、顧客のクレームから始まります。ここで対応を誤ると、その後の問題解決がうまくいきませんので、最初の対応が大切です。具体的には、以下のような点について留意すべきです。

(1)　だれが対応するのがよいかを十分に検討すること

　顧客クレーム処理にあたっては、クレーム処理に慣れた者が行うことがよいことは言うまでもありません。営業店の担当者のなかには初めてクレーム対応を行う人もいるでしょうから、それ相応の経験を積んでいる行職員と同席して対応したほうがよい場合も多くあります。

(2) 顧客の話を十分に聞くこと

　クレームを受けた場合、まずは顧客の話を最後までしっかりと聞くことが大切です。会話の途中で言葉を返すようなことをしては、かえってクレームを煽ることにもなりかねません。顧客の言い分をすべて聞き終わった後で、こちらから話を始めるくらいでよいでしょう。

(3) 事実認識を正確に行うこと

　まずは、顧客の言うことを正確に把握することからすべてが始まります。多少時間がかかるとは思いますが、顧客の不満の原因となっている事実について、調査して回答する旨を説明するのがよいでしょう。

　なお、事実認識にあたっては、顧客に関する過去の記録等を調査し、(当時の) 関係者 (担当者、役席者等) からの話を総合的に分析し、事実 (どのような商品をどのような方法で勧誘したのか) を正確に把握することに努めます。そのうえで、金融機関の勧誘販売過程に問題があったか否かについて徹底的に明らかにします。

(4) 事実を踏まえ金融機関としての回答を (書面等で) 行うこと

　事実認識が完了したら、その結果をすみやかに顧客に説明します。最初の回答は口頭で、もし納得されない場合には、後日の紛争等に備えて書面等で回答しておくことが望ましいでしょう。なお、書面等で正式に回答する場合は、弁護士からリーガルチェックを受けたうえで行うべきです。

2　トラブル防止のために

　本問のように、適合性の原則に適っており、説明義務違反もない場合、金融機関が法的責任を負う可能性は低いと考えられます。しかしながら、高齢顧客に対するリスク商品の販売にあたっては、より慎重な勧誘姿勢が望まれるため、可能な限り家族等の同席を求める等により後日のトラブル防止を図るべきです。

Q84 元本割れに対する苦情

高齢のAの要望に応じてリスク商品を販売しましたが、元本割れを生じた後にAから「元本まで減るとは思わなかった」と言われました。どうしたらよいでしょうか。

Answer

リスク商品を販売する場合には、元本割れのリスクがあることについて十分に説明し理解してもらう必要があります。説明に問題がなかったことを確認し、家族同席のうえで対応するのがよいでしょう。

■解説

投資信託等のリスク商品については、元本が保証されているわけではありませんので、当然のこととして元本割れのリスクがあります。そして、リスク商品をめぐる苦情・紛争等のトラブルは元本割れに起因するものが多く含まれます。

一般に、投資信託等のリスク商品の販売にあたっては、適合性の原則違反と説明義務違反に留意しなければなりません。言い換えると、トラブルの大部分はこの2つに起因するともいえます。

1 適合性の原則違反とは

Q81で説明したとおり、リスク商品の販売にあたっては、適合性の原則に適うようにしなければなりません。つまり、顧客の知識、経験、財産の状況および金融商品取引契約を締結する目的に照らして、不適当と認められる勧誘を行ってはなりません。

例えば、本問において、高齢者が要望しようとも、その高齢者に不

適切な商品を勧誘したとしたら、適合性の原則に違反するおそれがあります。適合性の原則に違反した場合は、不法行為として損害賠償等のリスクを負うことになりますから、適合性の原則違反が疑われるような販売を行うことは避けなければなりません。

2　説明義務違反とは

　説明義務違反については、金融商品の販売等に関する法律（以下、「金販法」という）に規定された説明義務が問題になるほか、金融商品取引法においても、書面交付等の手続等が詳細に規定されています。

　このうち、金販法では、「説明しなければならない重要事項」として、以下のような点を規定しています。

(1)　市場（価格変動）リスク

　これは、金利、通貨の価格、有価証券市場における相場、その他の指標の変動が直接の原因となって生じる元本割れリスクのことです。

(2)　信用リスク

　金融商品販売業者や社債などを発行する企業の業務または財産の状況の変化（例えば倒産や信用格付けの低下など）が直接の原因となって生じる元本割れのリスクのことです。

(3)　権利行使期間・解約期間の制限

　これは、購入後一定期間を経ないと換金できない金融商品（デリバティブなど）など、権利の行使期間に制限、あるいは解除期間の制限がある場合には、その制限のことです。

　また、金融機関は、顧客が理解できるような平易な表現で説明を行う必要があります。したがって、顧客が理解しているかを確認しながら説明することが重要ですし、わかりづらい場合は理解できる説明をするよう要求してもらうことも必要です。

　さらに、高齢者の場合には、身体の衰え等による理解力不足等も懸

念されることから、可能な限り家族の同席を求める等により、後日、説明義務違反を問われないような配慮が必要と思われます。

3 トラブルへの対応

上記のような、適合性の原則違反や説明義務違反とはならない対応を行っている場合、金融機関としては法的な問題はありませんので、元本割れに対する損害賠償等に応じる義務はないと考えられます。

それでも、クレームが発生する可能性は否定できません。金融機関としては、顧客からの申し出に対して真摯に対応することは当然ですが、販売時点においてリスクがあることを説明したうえで販売したことを十分に説明し、納得してもらうほかありません。

なお、このようなトラブルを避けるためには、日頃のアフターフォローが重要になります。元本割れが見込まれる場合には、早めに情報を提供して今後の対応を検討してもらうことも有効と考えられます。

Q85　内緒で購入した投資信託への家族からの苦情

　Aに対する投資信託を勧誘するにあたって、家族への相談を求めましたが、Aから家族には内緒だと言われたので、Aの言うとおりにしたところ、後日、Aの家族から「なぜ教えてくれなかったのか」と苦情がありました。このような苦情を防止するにはどうしたらよいでしょうか。

Answer

　高齢顧客への投資信託勧誘にあたっては、適合性の原則に基づき、最適な商品を勧めることが求められます。具体的には、金融資産の検証や投資意向の確認等を通じて、顧客の属性を十分に検証したうえで、金融商品を勧誘することはもちろんですが、苦情防止の観点から、家族等の同席・同意を求める等の配慮が望ましいでしょう。なお、苦情対応については、Q84をご参照ください。

■解説---

1　リスク商品勧誘に伴う苦情事例

　全国銀行協会相談室による「あっせん申立ての概要とその結果」（平成25年度第1四半期）によると、金融機関が投資信託の購入について、家族に相談するなどして、慎重に購入を検討するように依頼した事案について、金融機関側に高齢顧客の金融資産の検証が不十分であるとして、和解が成立した事案が報告されています（事案番号：平成24年度（あ）第511号）。

　ここで「あっせん」とは、金融機関と顧客とのトラブルについて、

第三者で構成する「あっせん委員会」があっせん案（和解案）を提示してそのトラブルを解決する制度のことをいいます。

　申立人（高齢顧客の家族）の申し出内容は以下のとおりです。
「80歳代の高齢顧客であるAさんは、定期預金の満期手続等のために自宅を訪れたB銀行担当者から、投資信託及び変額保険の勧誘を受け、購入に至った。その際、B銀行担当者から、本件商品の購入について、家族に相談するよう言われたが、相談しなかった。Aさんは、投資経験が乏しく、投資に係る知識も持ち合わせていないため、B銀行担当者から所定の資料等に基づき説明を受けたものの、本件商品の元本割れリスクを理解できなかった。また、B銀行が主張している金融資産の半分程度の資産しか所有していなかった。」

　これに対して、B銀行の見解は、以下のとおりです。
「当行担当者は、Aさんに対して、家族に相談するなどして、慎重に購入を検討するように依頼している。また、当行担当者は、所定の資料に基づき本件商品の内容およびリスク等の説明を丁寧に行っており、説明方法に問題はなかったものと判断している。さらに、当行担当者は、Aさんの保有金融資産額について、具体的な金額を例示したうえで確認を行っている。」

　これについて、あっせん委員会は、B銀行に対して、Aさんの保有金融資産の検証が必ずしも十分ではなかったことを指摘したうえで、B銀行がAさんに解決金を支払うというあっせん（和解）案を提示したところ、AさんとB銀行の双方が受諾したことから、あっせん成立となりました。

　この事例では、銀行側は家族に相談する等により慎重に購入を検討するように依頼しているにもかかわらず、高齢者は相談していなかった点に注目すべきです。つまり、高齢顧客は家族に相談もせず内緒で投資信託の購入に踏み切るということが十分あり得るということに留

意すべきといえます。

　また、投資信託の販売においては、金融機関が適合性の原則に違反していないこと、および説明義務違反に問われないことが必要となりますが、上記のとおり、双方の主張はかみ合っておらず、その場合、金融機関側の勧誘姿勢に問題ありと認定される可能性が非常に高いということにも留意しなければなりません。特に、高齢顧客にとって、金融資産は、老後の生活資金を賄うために必要な原資であり、基本的に元本割れのリスクの低い金融商品で運用することが予想されるため、金融資産の検証と投資意向の確認については、慎重に行うべきです。

2　リスク商品勧誘と家族の同意

　以上のとおり、高齢顧客にリスク商品を勧誘する場合は、より慎重な勧誘姿勢で臨むことを心がけるべきです。そもそも、高齢顧客が十分な情報を提供してくれているかどうかは不明ですし、高齢顧客に適した商品であるかを金融機関側で判断するのは非常に難しいと考えられます。

　また、勧誘時点では金融機関の説明に問題がなかったとしても、後日、高齢顧客より「理解していなかった」と言われるリスクが十分に予想できます。したがって、同居の家族、推定相続人等の同席・同意を求める等の配慮が、後日の苦情・トラブルを防止する観点から、重要であると考えられます。

Q86 健康状態・理解力を家族に確認せずに行った勧誘

80歳を超えているＡへの投資信託の勧誘において、健康状態・理解力を家族に確認せずに勧誘しました。問題ないでしょうか。

Answer

75歳以上の高齢顧客に対してリスクの高い商品を勧誘する場合は、勧誘の前に、役席者が高齢顧客との会話等を通じて、健康状態や理解力を確認したうえで、勧誘してよいかを判断する必要があります。

■解説 --

1 高齢顧客に対する事前承認手続の実施

　日証協のガイドラインでは、75歳以上の高齢者にリスクの高い商品を販売する場合は、勧誘に先だって当該高齢顧客との面談や会話により、健康状態や理解力等を確認のうえ、勧誘の適正性を判断すべきとされています（これを「事前承認」という）。

　このように役席者の事前承認の実施を求めているのは、投資信託等のリスク商品の販売においては、適合性の原則と説明義務違反に基づく苦情や紛争が多いうえに、高齢者については、身体的な衰えに加え、短期的に投資判断能力が変化する場合もあることから、勧誘の前に役席者が自ら適合性の原則に適っているかを確認することで、高齢顧客の適合性の原則（どんなに説明を尽くしても理解できないような顧客には販売してはいけない）を判断することとしたためです。

　したがって、健康状態や理解力については、金融機関の側で勧誘前に役席者が直接確認する必要があり、家族から確認すればよいという

ものではありません。もちろん、役席者による事前承認手続に家族が同席することは後日の苦情・紛争防止の観点からも望ましいことでありますが、本人に対する事前承認の手続を省いてよいというものではありません。

2　80歳以上の高齢顧客に対する勧誘

さらに日証協のガイドラインでは、80歳以上の高齢顧客については、より慎重な販売姿勢をもって臨むべきと考え、事前承認のほかに以下のような追加規制を設けています。

- 勧誘当日の受注制限（翌日以降の受注）
- 役席者による受注
- 勧誘を行った担当者以外の者による約定後の連絡
- 当該高齢顧客の取引に対するモニタリング（75歳以上の高齢顧客を含む）

3　高齢顧客に対するガイドライン規制の背景

今般、日証協が自主規制規則やガイドラインにおいて、高齢顧客に対する勧誘に関して規制措置を設けた背景は、高齢顧客については適合性の原則に基づいて、慎重な勧誘・販売姿勢を確保するためです。したがって、金融機関としては、趣旨を理解したうえで、高齢顧客に対するリスク商品の勧誘を行うようにしなければなりません。

Q87　勧誘留意商品の勧誘における事前承認

75歳のＡにリスクの高い「勧誘留意商品」を勧誘するにあたって、役席者による事前承認をとっていませんでした。問題ないでしょうか。

> **Answer**
> 75歳以上の高齢顧客に勧誘留意商品を勧誘するには、社内規則で適用外とされている顧客を除き、役席者が事前に当該顧客との面談等により、健康状態や理解力等を判断する「事前承認」手続を必ず行う必要があります。

■解説

1　事前承認とは

　日証協のガイドラインでは、役席者の事前承認があれば、75歳以上の高齢顧客への勧誘留意商品の勧誘が可能になると記載されています。

　十分な投資経験と投資資金を保有し、投資留意商品への投資を望んでいる高齢顧客に対しては、投資意向等を十分に確認したうえで、必要な投資情報の提供等を行ってもよいものと考えられますが、高齢者は健康状態に変化が生じることもあり、また、普段接している担当者からは理解力等に問題がないように思えても、別の者の目で見ると言動に不安な点が見られることもあり得ます。

　そこで、75歳以上の顧客にリスク商品を勧誘する場合は、役席者自らが、高齢顧客との面談や電話での会話（あわせて「面談等」という）により、健康状態や理解力等を確認し、勧誘の適正性を判断する

手続(事前承認)を行う必要があります。

2　勧誘留意商品とは

　価格変動が大きな商品や、複雑な仕組みの商品または換金性が乏しい商品を高齢顧客に勧誘により販売する際には、その適合性について留意する必要があります。

　ところで、適合性の原則については、顧客の属性（投資経験や理解力・知識、財産等）と具体的商品との相関関係によって具体的に判断すべきですが、一般的には年齢を重ねるとともに身体の衰えが生じることから、社内規則等で高齢顧客に勧誘しても問題がないと考えられる商品の範囲をあらかじめ具体的に定めておき、それ以外の商品（これを「勧誘留意商品」という）について勧誘を行う場合には、役席者の事前承認を得ることにより、慎重に対応することとしています。

　高齢顧客に販売しても問題ないと考えられる商品（これを「勧誘可能商品」という）には、価格変動が比較的小さく、仕組みが複雑でないことおよび換金性が高いことなどに該当する以下のような商品が考えられます。

①　国債、地方債、政府保証債等
②　普通社債（いわゆるＳＢ）
③　「公社債を中心に投資し、比較的安定的な運用を指向する」投資信託
④　上記①から③に相当する「知名度や流動性が高い通貨（米ドル、ユーロ、オーストラリアドル）建ての債券および投資信託

　なお、③と④に該当する勧誘可能な投資信託としては、「米国債券ファンド」「豪ドル債券ファンド」「日経インデックス２２５」「中期国債ファンド」「ＭＭＦ」等が考えられます。また、上場投資信託や不動産投資信託、値動きが日経平均株価や東証株価指数に連動する投資信託も勧誘可能商品とされています。

そのうえで、勧誘可能商品の３要素の１つでも充足しない商品（価格変動が小さくない、または、商品性が複雑である、または、換金性に劣る商品）のことを勧誘留意商品として、社内規則で具体的に定めなければなりません。

3　事前承認の時期と方法

事前承認の時期については、「事前」という文言どおり、勧誘を行う前に実施する必要があります。原則として、勧誘留意商品を勧誘する都度、役席者が事前に確認し承認すべきと考えます。

事前承認の方法ですが、ガイドラインでは、以下の事項を確認することとしています。

① 健康状態に問題はないか

例えば、加齢による聴力障がい等によって、説明を聞くことができない状態でないかを確認します。

② 会話がかみ合うか

質問した内容に対する回答に不自然な点がないかなど、会話がスムーズに流れているかを確認します。

③ 理解力に問題はないか（金融商品に関する理解度）

例えば、認知症等の理由から理解力が低下していて、商品のリスクを理解できない状態にないかを確認します。

④ 投資意向はどうか

顧客の投資意向（安定性と収益性のいずれを重視しているか等）を確認したうえで、勧誘した商品が顧客に適しているかを判断します。

具体的には、役席者が高齢顧客との会話等で、健康状態や投資意向を確認するなかで、理解力に問題がないかを確認することになります。

Q88　家族の同意のない即日契約

80歳のＡ宅で「勧誘留意商品」を勧誘するにあたって、Ａが即日の契約を希望したので、家族の同意を得ずに契約をしました。問題ないでしょうか。

> **Answer**
> 80歳以上の高齢顧客に対して勧誘留意商品を勧誘する場合は、役席者による事前承認に加えて、家族の同席が必要となり、同意を得ずに勧誘した場合には、勧誘当日の受注を行わず、翌日以降に受注することとしています。

■解説 --

　80歳以上の高齢顧客に勧誘留意商品を勧誘する場合には、75歳以上の高齢顧客に求められる事前承認に加えて、以下のような追加の規制を設けることで、より慎重な対応を行うこととしています。

1　勧誘当日の受注制限

　日証協のガイドラインでは、80歳以上の高齢顧客に対しては、より慎重な販売姿勢をもって臨むべきと考え、役席者の事前承認等の規制に加えて、勧誘当日に受注を行うことを制限し、翌日以降の受注を原則としています。ただし、以下に記載するように、例外が認められています。

(1)　家族の同席と同意がある場合

　店頭や訪問先において、高齢顧客の家族が同席し、かつ、商品の説明を聞いている場合において、高齢顧客が勧誘留意商品の購入を希望するときに、同席した家族から買付けに同意する旨の「買付指示書」

に署名がいただける場合には、例外的に即日受注をすることが可能です。なお、買付指示書への署名は絶対的な条件ではなく、録音等で家族の同意が明らかになる場合は、署名がなくても即日受注ができるとされています。

(2) 店頭における役席者の同意

店頭にて高齢顧客に勧誘留意商品の販売を行う場合、役席者が同席し、当該高齢顧客が勧誘内容を理解していると確認できたときには、例外的に買付指示書を受け入れることにより、即日受注をすることができます。

(3) その他、例外事由に該当する場合

上記のほか、以下の要件を両方とも充足する場合には、例外的に即日受注をすることができます。ただし、例外的な取扱いですので、必要に応じ役席者が顧客の投資意向を確認する等、慎重な対応を行う必要があります。

① 当該高齢顧客が商品内容を十分に理解している場合

以前に同種の商品を購入した経験がある等、当該高齢顧客がその商品の内容を十分に理解していると考えられる場合です。

② 即日受注を正当化できるやむを得ない事情がある場合

例えば、翌日から旅行等で不在となる場合、保有している商品と同一の商品を追加買付けする場合、保有商品が償還となり、いわゆるロールオーバー(一時的に同一通貨建てのMMFに入金する場合を含む)をする場合等が該当します。

2 役席者による受注

翌日以降に受注を行う者は、勧誘行為を行った営業担当者ではない役席者が、勧誘や説明内容を確認したうえで行うことが求められています。

具体的には、営業担当者が当該高齢顧客に電話をして、質問等を受

けた後に、役席者に交替して受注するようにします。なお、役席者が営業担当者の場合は、別の役席者が受注することが望ましいのですが、金融機関において適当と認めた一定の職責以上の役席者については、翌日以降、自己で注文を受けることができます。

3　約定後の連絡

　日証協のガイドラインでは、80歳以上の高齢顧客については、受注後も確認を行うべきと考え、約定結果の連絡を行うことを定めています。その趣旨は、約定後に連絡をして当該高齢顧客の取引に関する認識の確認を行うことにより、取引の有効性を再確認することにあります。

Q89　事前承認をとっていない勧誘

75歳のＡが来店して「勧誘留意商品」の勧誘を求めてきましたが、役席者が不在で事前承認をとることができなかったため、そのまま勧誘しました。問題ないでしょうか。

> **Answer**
> 75歳以上の高齢顧客に勧誘留意商品を勧誘する場合は、役席者による事前承認を要します。事前承認は、勧誘前に高齢顧客の適合性を判断する手続であり、事前承認なしに勧誘することは原則としてできません。

■解説--

1　事前承認の目的

　事前承認とは、当該高齢顧客が勧誘留意商品を購入できない事情があるかどうかを、勧誘前に確認する手続であり、加入前に狭義の適合性の原則に違反していないかを確認していることになります。

　つまり、事前承認の目的とは、当該高齢顧客が勧誘留意商品を理解できる知識、経験、資産を有しているか、投資意向はどうか、健康状態はどうか等を聴取する過程で、当該高齢顧客に勧誘留意商品を勧誘してよいかどうかを判断することにあります。

2　事前承認を欠く勧誘の原則禁止

　事前承認とは、狭義の適合性の原則に適っているかを判断する手続ですから、その手続を欠く勧誘は原則として行ってはいけません。

　ただし、日証協のガイドラインでは、以下の場合に限り、事前承認を省略して勧誘留意商品を勧誘することができるとしています。な

お、このような例外を設ける場合には、社内規程においてルールを明確にしておかなければなりません。

3　事前承認を省略してもよい高齢顧客

以下の(1)から(3)の要件をすべて満たす高齢顧客については、事前承認を省略することができます。なお、ガイドラインでは、「会社経営者、役員等である高齢顧客について、支店長等の役席者が頻繁に接し、顧客属性や投資意向を十分に把握している場合においては、担当役員等の承認を得て、本ガイドラインの対象外（＝事前承認を省略できる先）とすることも可能」とされています。

(1)　投資商品に関する知識と経験が豊富な資産家であること

事前承認を省略してもよいというのは、適合性の原則に抵触することがあり得ないと考えられる場合でなければなりませんから、金融機関が安心してリスクのある投資商品を勧誘できる適格性のある高齢顧客がこの対象といえます。

なお、ガイドラインにある「会社経営者、役員等」というのは、例示であり、必ずしもこれらに限定する必要はありません。

(2)　支店長等の役席者が日常的に面談していること

日常的に面会していることを証するために、日頃から面談記録等を作成しておくのがよいでしょう。

(3)　支店長等の役席者の頻繁な面談を前提に担当役員等が承認すること

担当役員等は、支店長の面談記録等を精査し、面談記録等に疑問があれば支店長等にヒアリングを行う等により、当該顧客に対して事前承認を不要としてもよいかどうかを判断し、承認を下すことになります。また、同時に、対象者である高齢顧客の取引履歴等も検証し、多面的に精査することが必要です。

Q90　銘柄、数量、金額を指定した購入希望

Ａは75歳を超える高齢ですが、Ａ自ら銘柄、数量、金額を指定した投資信託の購入希望がありましたので、事前承認を得ずに購入に応じました。問題ないでしょうか。

Answer

　高齢顧客が自ら勧誘留意商品を選択し、「銘柄」および「数量または金額」を指定して購入を希望する場合は、勧誘には当たりませんので、日証協のガイドラインの対象外であり、事前承認を得ずに購入に応じても問題ありません。

■解説

1　勧誘とは

　金融商品の勧誘とは、一般的には、金融機関が特定の商品の購入を勧めることを指しますが、日証協のガイドラインでは、「個別商品の買付けに関する説明」であると定義しています。したがって、勧誘には、商品の特徴を簡単に紹介すること等も含まれると考えられます。

2　勧誘を伴わない販売行為

　ガイドラインによる規制は、勧誘による販売行為に対して適用されますので、勧誘を端緒としないものには適用されません。本問のように、高齢顧客が自ら購入希望商品の「銘柄」と「数量または金額」を指定した場合には、ガイドラインの規制が及びません（勧誘には当たらないので、事前承認は不要）。ただし、ガイドラインでは、このような例外が拡大解釈されることを防ぐため、具体的な勧誘留意商品を示して説明することは勧誘に該当するとしています。

日証協がガイドラインの制定に関して行ったパブリック・コメントへの回答から考えられる、具体的な事例はつぎのようなものです。
(1) 勧誘に該当しないケース
① 顧客の投資目的に合致した数種類の勧誘留意商品に係る販売用資料をＤＭ等により配布した結果、当該顧客から連絡があり、当該顧客が銘柄、数量を指定して購入する場合
② 何の説明もせずに、パンフレットやレポート等を配布しただけで、その資料を見た顧客が発注した場合

このように、高齢顧客からの求めに応じて質問に回答する、または資料を送付するのみで、その前後を通じて当該商品の買付けに関する説明を行っていない場合には、勧誘には該当しません。
(2) 勧誘に該当するケース
① 「投資信託を購入したいのだが、何かお勧めの商品はないか」との質問に対する回答において、「ファンドＡ」と「ファンドＢ」で迷い、両商品の商品性を説明した場合
② 国内ファンドでの運用を希望しているが、銘柄が決まっていない顧客に対し、自店で取扱っている国内ファンドを説明した場合
③ 顧客の投資目的に合致した数種類の勧誘留意商品に係る販売用資料をＤＭ等により配布し、金融機関の側からそれについて顧客に連絡した場合
④ ③のケースで、当該顧客がそのうちの１銘柄についての買付けの意思を示したが、数量を指定しない場合
⑤ 高齢顧客から銘柄を複数指定して説明を求められた場合

ガイドラインで定義する勧誘に該当するか否かは、個別事例に則して実質的に判断されるべきものですが、以上の事例では、「銘柄」および「数量または金額」が特定されていない段階で、説明を行っていることより、勧誘に当たると考えられます。

Q91　顧客からの質問に対する商品提示と事前承認

78歳のＡから、「投資信託を買いたいが何かよい商品はないか」と聞かれたので、具体的商品を提示しましたが、その際、事前承認はとっていませんでした。問題ないでしょうか。

> **Answer**
>
> 本問の事例は、勧誘行為に該当します。したがって、日証協のガイドラインの対象外である公社債投資信託等の「勧誘可能商品」を提示することはできますが、「勧誘留意商品」を提示するには、事前承認が必要となります。

■解説

1　勧誘とは

Q90で説明したとおり、金融商品の勧誘とは「個別商品の買付けに関する説明」であると定義されており、勧誘を伴わない販売行為には日証協のガイドラインによる規制は及ばないことになります。

本問のように、投資信託の購入希望はあるものの、具体的な「銘柄」および「数量または金額」が決まっていない段階で説明をするのは、勧誘に該当すると考えられますので、ガイドラインによる規制の対象となります。

2　「勧誘可能商品」と「勧誘留意商品」

Q87で説明したとおり、ガイドラインによる規制を受けずに、自由に勧誘できる商品（勧誘可能商品）として、つぎの各要件のすべてを充足する金融商品を掲げています。

①　価格変動が比較的小さいこと

② 仕組みが複雑でないこと
③ 換金性が高いこと

　具体的な金融商品としては、公社債投信や米国債券ファンド等が該当します。このような比較的リスクの低い金融商品については、ガイドラインの対象外として、役席者の事前承認がなくても、勧誘行為が可能です。

　一方、上記に該当しない比較的リスクの高い金融商品（これを「勧誘留意商品」といい、大部分の投資信託が該当する）を75歳以上の高齢者に勧誘するには、役席者の事前承認が必要です。

3　事前承認を受けていない勧誘行為の原則禁止

　Q89で説明したとおり、75歳以上の高齢顧客に勧誘留意商品を勧誘する場合には、役席者の事前承認が必要ですが、この事前承認とは、勧誘行為に先駆けて実施しなければなりません。つまり、事前承認を得ずに行った勧誘は問題があるといえます。

　このように役席者の事前承認手続を重視している理由は、75歳以上の高齢者については、健康や理解力に問題があることがあり得るためで、勧誘行為に先立って、役席者が高齢顧客との会話のなかで、健康状態や理解力等を判断し、勧誘留意商品を勧誘しても問題ないと判断した後に、具体的な勧誘行為を行うこととしています。つまり、これは、当該高齢顧客の適合性の原則を事前にチェックすることで、当該顧客へのリスク承認販売に係るトラブル等を防止するためです。

　なお、ガイドラインの適用外となる高齢顧客を社内規則で定めている場合（Q89参照）には、当該顧客に対しては、事前承認なしにリスク商品を販売しても問題ありませんが、このような取扱いは例外であり、原則として事前承認なしに勧誘留意商品を勧誘することはできないと理解しておきましょう。

Q92　家族の同意書をとらずに行った買付け受注

78歳のＡが投資信託購入の相談のために家族同伴で来店しましたが、家族の同意書をとらずに買付けを受注しました。問題ないでしょうか。

> **Answer**
>
> 80才未満の場合は、家族の同意がなくても当日の受注は可能ですので、問題ありません。なお、75歳以上ですので、役席者による事前承認手続が必要なことは言うまでもありません。

■解説 --

1　日証協のガイドラインによる規制の概要

　日証協のガイドラインでは、高齢顧客を75歳以上とし、75歳以上の高齢顧客に対して一律に適用される規制事項を定めたうえで、さらに80歳以上の高齢顧客については、追加の規制事項を定めています。つまり、２段階の規制が存在することに留意すべきです。

(1)　75歳以上の高齢顧客に対する規制の内容

① 勧誘留意商品を選定したうえで、勧誘留意商品を購入する場合には、（一部の例外を除き）役席者による事前承認が必要

② 高齢顧客に対する社内規則が遵守されているかをモニタリングする

(2)　80歳以上の高齢顧客に対する追加規制の内容

① （一部の例外を除き）勧誘当日の受注は行わず、翌日以降に受注とする

② 受注については、営業担当者でなく、役席者が行う
　③ 約定後に受注内容の再確認を行うため、約定結果の連絡を行う
2　勧誘と家族の同意書
　ガイドラインでは、80歳以上の高齢顧客に対しては、慎重な販売姿勢をもって臨むべきと考え、勧誘当日に受注を行うことを制限し、翌日以降の受注を原則としています。ただし、店頭または訪問先で、家族が同席し、かつ商品の説明を聞いている場合において、高齢顧客が勧誘留意商品の購入を希望するときに、同席した家族から買付けに同意する旨の「買付指示書」に署名がいただけるのであれば、例外的に即日受注をすることができます。

　つまり、家族の同意書が必要になるのは、80歳以上の高齢顧客に対して即日受注を行う場合であり、80歳未満の高齢者については家族による同意書がなくても即日受注は可能です。

　なお、家族による同意は同意書への署名でなくてもよく、録音等で家族の同意が明らかになる場合には、買付指示書に署名がなくても即日受注をすることができます。

　本問において役席者による事前承認が行われていた場合には、家族による同意書がなくても、買付けを行うことは可能です。
3　役席者の同席による店頭販売
　店頭にて高齢顧客に勧誘留意商品の販売を行う場合、役席者が同席し、当該高齢顧客が勧誘内容を理解していると確認できたときには、例外的に買付指示書を受け入れることにより即日受注をすることができます。

Q93　電話勧誘における契約の即日締結

78歳のＡに、電話で勧誘留意商品を勧誘しましたが、その際、Ａから「今日中に契約を締結したい」との要望がありました。これに応じても問題ないでしょうか。

Answer

　80歳以上の高齢顧客については勧誘当日の受注が制限されますが、78歳のＡについては対象外です。したがって、役席者の事前承認があることを前提に、勧誘当日に契約しても問題ありません。

■解説 --

1　電話における勧誘・販売

　電話による勧誘は、高齢顧客の顔が見えませんから、表情や状況を把握することが困難です。つまり、高齢顧客が説明内容を理解しているのかどうかを電話の内容だけで判断しなければならないため、より慎重な対応が望まれます。具体的には、高齢顧客との間でなるべく長く会話を行い、特に高齢顧客に話をさせることにより、説明内容に対する反応等を見極めながら、勧誘留意商品に対する理解度をチェックする等により、勧誘を進めていく必要があります。例えば、高齢顧客にご自身の投資経験、知識、資産および投資意向等について詳しく語ってもらうほか、勧誘商品について説明を行う際には、商品性について、あらゆる特徴（リスクを含む）を説明した後に、おさらいを兼ねて高齢顧客の理解度を試す等の配慮が必要になります。

　また、役席者による事前承認についても、電話で行われる可能性が

高いと思われます。ところが、電話では相手方の表情が把握できないため、健康状態や理解力を判断するには、できるだけ高齢顧客に話をさせる等の配慮が必要です。

いずれにしても、電話での勧誘・販売については、店頭や訪問先で高齢者本人に面談する場合以上に慎重に進める必要があります。

2　80歳以上の高齢顧客に対する規制

ガイドラインでは、80歳以上の高齢顧客に電話で勧誘留意商品を勧誘する場合、以下の制限を設けています。

① 役席者の事前承認（75歳以上の高齢顧客への勧誘について適用）

② 翌日以降の役席者による受注

③ 勧誘を行った担当者以外の者による約定後の連絡

④ 当該高齢顧客の取引に対するモニタリング（75歳以上の高齢顧客への勧誘について適用）

したがって、78歳の高齢顧客に対する受注については、役席者の事前承認を前提に、勧誘当日に受注することは問題ありません。

もっとも、電話での勧誘については、より慎重な対応が望まれますので、慎重を期すためには、あえて即日の受注を避けて翌日以降に再度確認を行った後に受注するとか、家族にも勧誘した内容を説明し、納得したうえで受注する等の配慮があってもよいと思われます（78歳と80歳では、年齢的にはそれほど差がないため、80歳の高齢顧客に求められる規制に準じて対応するのが望ましい）。

電話での勧誘はあまり行っていない金融機関（銀行等）については、高齢顧客の理解度等を把握するノウハウもあまりないものと想定されますので、高齢顧客に対する電話での勧誘については、できるだけ避けるとともに、勧誘する場合には、通常よりも慎重かつ時間をかけた説明を行うことを心がける必要があります。

Ⅴ　その他取引

───────────────────────────────[貸金庫取引]─

Q94　貸金庫の鍵の紛失

貸金庫取引をしている高齢のＡから「貸金庫の鍵をなくした」との連絡がありました。どうしたらよいでしょうか。

> **Answer**
>
> 　Ａの意思能力に問題がある場合は、Ａとの貸金庫取引の解約も含めた対応を検討するとともに、社会福祉協議会の「書類等預かりサービス」を利用する方法も選択肢の１つとして検討します。

■解説 --

1　Ａの意思能力に問題がある場合

　まず、Ａに対し、貸金庫の鍵を紛失した経緯を詳しく尋ねます。そして、Ａの説明内容が不自然で合理性がなく、Ａの貸金庫の鍵等の管理能力に問題があると判断される場合は、今後も同様の事件が発生するおそれがあります。

　このような場合、Ａは認知症等の精神上の障がい等により意思能力に問題が発生していることも考えられるので、同居の親族等に相談して、Ａとの貸金庫取引の解約も含めた対応を検討することにします。

2　社会福祉協議会の日常生活自立支援事業の活用

　社会福祉協議会は、判断能力に問題が発生した者を対象とする日常生活自立支援事業を行っています。同事業には、「日常的金銭管理サービス」や「書類等の預かりサービス」があるので、Ａの判断能力に問題が発生している場合は、貸金庫取引の代わりに、それらの利用も選択肢の１つとして検討すべきでしょう（200頁参照）。

───[貸金庫取引]───
Q95　家族による貸金庫の開扉依頼

　貸金庫取引をしている高齢のAの家族Bから「貸金庫を開けてほしい」との依頼がありました。どうしたらよいでしょうか。

> **Answer**
> 　Aの意思能力に問題がない場合は、Aの意思を確認のうえ、Bを代理人とする開扉に応じます。Aが意思能力を欠く場合は、成年後見制度の利用によることが必要であり、Bによる開扉は認められません。

■解説 --------------------------------------

1　Aの意思確認
　Bの開扉に応じるためには、Aの意思によるBへの代理権限の付与が不可欠です。そこで、Aに直接面談して、Bへの代理付与が確認できた場合は、代理人届等を徴求してBによる開扉に応じます。

2　Aの意思能力に問題がある場合
　Aの意思能力に問題があることが判明した場合は、Bによる開扉に応じることはできません。Aが意思能力を欠く常況にある場合、たとえ代理人届等の書面が調っていたとしても、当該代理人届は無効であり、Bの開扉要求に応じると、無権利者による開扉に応じたことになり、Bを除くAの推定相続人等から不法行為責任を問われるおそれがあります。どうしても貸金庫を開扉する必要がある場合は、成年後見制度を利用してもらうようにします（203頁参照）。

────[貸金庫取引]────
Q96　貸金庫の中身が紛失しているとの苦情

貸金庫取引をしている高齢のAから「貸金庫の中身が一部なくなっている」との苦情がありました。どうしたらよいでしょうか。

> **Answer**
> 　Aの意思能力に問題がある場合は、Aとの貸金庫取引の解約も含めた対応を検討するとともに、社会福祉協議会の「書類等の預かりサービス」を利用する方法も選択肢の1つとして検討します。

■解説 --

1　Aの意思能力に問題がある場合

　まず、Aに対し、貸金庫中身の一部がなくなった経緯や、なくなった物は何か等について詳しく尋ねます。そして、Aの説明内容が不自然で合理性がなく、Aの貸金庫の内容物の管理能力に問題があると判断される場合は、今後も同様の事件が発生するおそれがあるため、Aとの貸金庫取引の継続は好ましくありません。

　このような場合は、Aは認知症等の精神上の障がい等により意思能力に問題が発生していることも考えられるので、同居の親族等に相談して、Aとの貸金庫取引の解約も含めた対応を検討することにします。

2　代理人届の有無

　また、Aとの貸金庫取引について代理人届がある場合は、本人または代理人以外には開扉できないシステムとなっていることをわかりやすく説明し、貸金庫中身の変動が本人または代理人以外の者によって

なされることはないことを十分理解してもらうようにします。

　代理人届のない本人のみが利用できる貸金庫取引の場合は、本人以外に開扉できないシステムとなっていることをわかりやすく説明し、貸金庫の中身が本人以外の者によって変動することは考えられないことについて、十分理解してもらうようにします。

3　社会福祉協議会の日常生活自立支援事業の活用

　社会福祉協議会は、判断能力に問題が発生した者を対象とする日常生活自立支援事業を行っています。同事業には、「日常的金銭管理サービス」や「書類等の預かりサービス」があるので、Aの判断能力に問題が発生している場合は、貸金庫取引の代わりに、それらの利用も選択肢の1つとして検討すべきでしょう（200頁参照）。

―――――――――――――――――――――――――――――[貸金庫取引]―

Q97　代理人による貸金庫の開扉請求

　高齢の貸金庫取引先Ａの代理人Ｂから「Ａの貸金庫を開けてほしい」との依頼があったので、開扉に応じましたが、その時すでにＡが死亡していたことが後日になって判明しました。どうしたらよいでしょうか。

> **Answer**
> 　金融機関が、貸金庫契約者の死亡を知らずに代理権消滅後の代理人（無権利者）に対して貸金庫の開庫に応じたとしても、貸金庫契約者の死亡を知らないことにつき過失がない限り免責されます。

■解説 ――――――――――――――――――――――――――――

1　貸金庫契約の法的性質と相続

　貸金庫契約の法的性質について、通説は金庫自体の賃貸借契約と解しているものの、最高裁平成11年11月29日判決（金融・商事判例1081号29頁）は、貸金庫が銀行の管理する施設内に存在していること等から、貸金庫の内容物について銀行の事実上の支配が及んでいるとし、その「所持」を肯定しています。そして、銀行は、内容物につき「自己ノ為メニスル意思」を有するとして、これにつき顧客と共同して民法上の占有を有するとしています。もっとも、このような貸金庫取引の特質を考慮し、この銀行の占有は、個々の内容物について成立するものではなく、貸金庫の内容物全体につき「一個の包括的な占有」として成立するとしています。

　このように、貸金庫契約上の権利には使用権のほか内容物の一括引

渡請求権があり、相続の対象となるものには、これら貸金庫契約上の権利義務のほか格納物も当然含まれます。また、この貸金庫使用権や内容物の一括引渡請求権には財産的価値はほとんど認められないため、財産的価値があると思われる格納品がどう相続されるのかが相続人にとっての重要な問題となります。

2　相続開始による代理権限の消滅と金融機関の責任

　委任は委任者の死亡によって終了するのが一般原則ですから、委任契約による貸金庫取引先の代理人の代理権限は、貸金庫契約者の死亡によって当然に終了します（民法653条・111条）。

　金融機関が、貸金庫契約者の死亡を知らずに、相続人の一部または相続開始に伴う代理権消滅後の代理人（無権利者）に対して貸金庫の開扉に応じたとしても、預金者の死亡を知らないで預金を払い戻した場合と同様、金融機関の善意（貸金庫契約者の死亡を知らないこと）につき過失がない限り免責されます。

―――――[貸金庫取引]―

Q98　家族による貸金庫の継続使用

高齢のＡと貸金庫取引をしていますが、Ａの家族Ｂから「Ａが寝たきり状態になったので貸金庫をＡに代わって引き続き使用したい」との申し出がありました。どうしたらよいでしょうか。

> **Answer**
> 　Ａの意思能力に問題がない場合は、Ａの意思を確認のうえ、Ｂを代理人とする代理人届を徴求して、Ｂによる継続使用に応じます。Ａが意思能力を欠く場合は、成年後見制度の利用による継続利用以外は認められません。

■解説

1　Ａの意思確認

　貸金庫契約者Ａの家族Ｂが、Ａに代わって貸金庫を継続使用するためには、Ａの意思によるＢへの代理権限の付与が不可欠です。したがって、Ａに直接面談して、Ｂによる継続使用を認めるか否かを確認しなければなりません。Ａの意思確認の結果、Ｂに継続使用の代理権限を付与することが確認できた場合は、代理人届を徴求して取引を継続するようにします。

2　Ａの意思能力に問題がある場合

　Ａとの面談やＡに関する情報収集の結果、Ａの意思能力に問題があることが判明した場合は、家族Ｂによる継続使用は原則として謝絶しなければなりません。
　例えば、Ａが意思能力を欠く常況にある場合、たとえ家族Ｂを代理人とする代理人届等の書面が調ったとしても、当該代理人届は無効で

あり、Ｂの継続使用を許容すると、無権利者による開扉に応じたことになります。この場合、Ｂが勝手にＡの保管物を処分するおそれがあり、この場合、Ｂを除くＡの推定相続人から、金融機関の不法行為等による損害賠償請求がなされるおそれがあります。

　なお、Ａが意思能力を欠く常況の場合に、貸金庫を開扉する必要がある場合は、Ａについて後見開始の申立を依頼し、家庭裁判所により選任された成年後見人によって開扉してもらうようにします（203頁参照）。

―――――――――――――――――――――[貸金庫取引]―

Q99　相続人による貸金庫の格納品の持出請求

　貸金庫取引をしていた高齢のＡが死亡し、相続人の１人から貸金庫の格納品の持出請求がありました。どうしたらよいでしょうか。

> **Answer**
> 　相続人の１人からの持出請求に応じるためには、他の相続人全員の同意が不可欠です。

■解説 ――――――――――――――――――――――――――

1　貸金庫契約者の相続開始と相続人の権利

　貸金庫の契約者について相続が開始した場合、貸金庫契約上の地位は相続人に承継され、相続人が複数存在するときは、貸金庫契約は各相続人が共同して相続し、遺産分割があるまでは、貸金庫契約上の権利・義務を共同相続人が共有する関係となります。また、相続の対象となるものには、貸金庫内の格納物も当然に含まれます。

2　相続人の１人による持出請求

　相続人の１人から、貸金庫内の格納品を持ち出したいとの申し出を受けた場合は、格納品の相続と貸金庫の相続とは異なるので、全相続人に来店を求め、あるいは来店のできない相続人には委任状を求めかつ意思確認を行い、相続人全員の手によって格納品を持ち出してもらうようにします。

3　一部の相続人による格納品の点検要請

　なお、一部の相続人からの要請による場合には持出しは認められませんが、格納品を点検することは認めざるを得ません。これは、相続人の１人ひとりは貸金庫契約の権利を共有しているうえに、相続人と

Ⅴ　その他取引

して格納品の内容を知る権利を有しているからであり、かつ遺産分割や相続の承認・放棄をするにしても、まず格納品の内容を知るのが前提となる、ということも否定できないからです（民法915条2項）。

　ただし、金融機関からすれば相続人間のトラブルに巻き込まれることを極力避けるためには、可及的に多くの相続人による開扉を要請するとともに、金融機関の職員等が立ち会って、格納品が持ち出されないようチェックすることも検討すべきです。

────────────────────────────[その他]────
Q100　インターネット・バンキング利用者の判断能力喪失

インターネット・バンキング取引をしていた高齢のＡが病気で入院し、１年前から意識不明の状態となっていたことが判明しました。ところが、最近までインターネット・バンキング取引が行われていました。どうしたらよいでしょうか。

> **Answer**
> 　Ａの意識不明後の取引が家族の不正利用によるものであっても、金融機関は、原則としてＡの損害を補償する必要はありません。また、第三者による不正利用であった場合は、基準に照らして補償の可否を判断します。

■解説 --

1　取引状況の確認
　高齢の取引先Ａが意識不明の状態となってから最近までインターネット・バンキング取引が行われていたということですから、Ａの家族による取引なのかあるいは不正利用されていたのか、取引内容を確認する必要があります。

2　Ａの家族による取引の場合
　Ａの家族による取引であった場合、それが不正利用であったとしても、金融機関が善意無過失である（Ａが意識不明であったことを知らず、家族による不正利用を知らなかったことにつき過失がない）場合は、金融機関は、インターネット・バンキングに係るＡの損害を補償する必要はありません。

3　第三者による不正利用であった場合

　インターネット・バンキングでは、スパイウェアによってパソコンからＩＤやパスワードを盗んだり、フィッシングといって、偽のウェブサイトに誘導してＩＤやパスワードなどを入力させて盗み、預金を不正に引き出す手口の被害が発生しています。

　そこで、全国銀行協会や全国信用金庫協会等の各業界団体は、「不正払戻しに関する自主ルール」を作り、インターネット・バンキング等で預金が不正に引き出された場合の補償について定めています。

　利用者が補償を受けるためには、金融機関へのすみやかな通知と十分な説明、警察への被害事実等の事情説明（真摯な協力）が必要です。

　また、金融機関への通知が被害発生日の30日後までに行われなかった場合、親族等の払戻しの場合、虚偽の説明を行った場合、戦争・暴動等の社会秩序の混乱に乗じてなされた場合は、金融機関は補償を行わないとしています。また、預金者に過失があれば、補償は減額されたり、重過失の場合は受けられない場合もあります。

　したがって、Ａに対して補償するかどうかは、上記基準に照らして判断することになります。

　また、Ａの意思能力が欠ける常況となっている以上、Ａとのインターネット・バンキングはもちろんのこと、その他預金取引等も行うことはできません。Ａとの取引を継続する必要がある場合は、Ａについて、成年後見の申立をしていただき、選任された成年後見人をＡの法定代理人として取引を継続するほかありません（203頁参照）。

高齢者支援制度

1　日常生活自立支援事業
2　成年後見制度

1 日常生活自立支援事業

　成年後見制度を補完するものとして、社会福祉法81条の定めにより「福祉サービス利用援助事業」(地域福祉権利擁護事業)が実施されています。この事業は、都道府県に設置されている社会福祉協議会(社会福祉法人)が実施主体となり、判断能力が不十分な者(認知症高齢者、知的障がい者、精神障がい者など)を対象として、これらの者が日常生活を営むうえで必要となる福祉サービスの提供を「日常生活自立支援事業」として行っているものです。

1　利用対象者と判断能力

　例えば、①銀行などに行って年金や福祉手当を受け取るのが困難、②電気・ガス・水道などの公共料金の支払がうまくできない、③1日にいくらお金を使ったらよいかよくわからない、など、日常生活において契約や金銭管理などの判断能力に不安のある者が利用できます。

　ただし、例えば、①年金や福祉手当を引き出す、②公共料金の支払を支援したり、口座引落しの手続をしたりする、③1日の生活費を相談して決め、お金がきちんと使われているか確認するなど、自分が受ける福祉サービスの内容を理解し、サービスを利用することで利用料を支払う必要があることを理解できる判断能力があるかどうかが重要なポイントとなります。

2　判断能力を失った場合と能力に疑義がある場合

　このように、あくまでも一定の意思能力がある利用者との契約を基礎としていますので、利用者が意思能力を失うに至れば解約することを前提としています。したがって、「契約締結能力の確認」は重要なポ

イントとなるため、利用希望者の能力に疑義がある場合は、本人の了解を得たうえで都道府県（含政令指定都市）の社会福祉協議会に設置された「契約締結審査会」に諮り、その審査結果をふまえ、利用の可否判断が行われます。

なお、身体的には障がいがあるものの判断能力にまったく問題のない者は、この事業の対象者ではないため、この制度を利用することはできません。

3 相談から契約締結までの流れ

相談から契約締結までの流れは以下のとおりであり、契約締結までの料金は無料です。

① 相談……最寄りの社会福祉協議会に相談する（本人、家族、福祉関係者など代理の者）。

② 訪問……専門員（注1）が訪問・面談のうえ困っていることを聴取する（プライバシーは守られる）。

③ 支援計画の策定……専門員が本人と話し合って、日常生活自立支援事業のサービスの計画を立てる。

④ 契約……支援計画の内容に基づき、本人と社会福祉協議会とのあいだで契約を締結する（福祉サービスの利用援助契約を締結したうえで「日常的な金銭管理サービス」、「書類等の預かりサービス」等の契約を締結する）。

⑤ サービス開始……生活支援員（注2）が訪問し、支援計画の内容のサービスを行う。

（注1）本人の希望を聞きながらともに支援計画をつくり、契約締結までサポートします。

（注2）契約内容にそって定期的に訪問する。福祉サービスの利用手続や預金の出し入れをサポートします。

4 「日常的金銭管理サービス」、「書類等の預かりサービス」について

　日常生活自立支援事業の福祉サービスの1つに「日常的金銭管理サービス」があります。この取引は、一種の任意代理取引であり、高齢者本人またはその法定代理人から社会福祉協議会（契約は理事長名で行う）が代理人として委任を受け、さらに社会福祉協議会の代理人として専門員・生活支援員が実際の事務を担当するかたちをとっています。

　金融機関は、社会福祉協議会から申し出があった場合、預金者（高齢者）等と社会福祉協議会の契約書等の提示を受け、当該社会福祉協議会が締結した援助内容に金銭管理サービスが含まれており、預金の払戻等についての代理権の付与があることを確認のうえ、「代理取扱依頼書（兼代理人届）」を受け付けます。それ以後は、通常の代理人取引と同様に扱います。

　例えば、銀行に対して金銭の払戻しの事務担当者として専門員・生活支援員の届出を行うと、銀行は、専門員・生活支援員を相手として取引を行うことになります。

　なお、1回の出金額に制限がある場合もあるので、受付にあたり、十分に社会福祉協議会と協議をしておく必要があります。

　また、日常生活自立支援事業による援助の範囲としては、上記の「日常的金銭管理サービス」（注3）のほか、「書類等の預かりサービス」（注4）などがあります。ただし、この制度で想定されている代理権の範囲は、日常的な事務に限定されます。例えば、住居の移動を伴うような老人ホーム等の施設への入所契約は含まれていません。そのような契約が必要な事態になれば、成年後見制度に移行することが望ましいといえます。

（注3）年金および福祉手当ての受領に必要な手続、医療費の支払手続、税金、

社会保険料、公共料金の支払手続、日用品の代金支払手続、以上の支払に伴う預金の払戻し・解約・預入手続などが該当します。

(注4) 年金証書、預貯金通帳・証書、不動産等の登記済権利証、重要な契約書類、保険証書、実印、銀行届出印、その他必要と認めたものの預かりサービスです。サービス利用料は概ね以下の内容となっています。

　① 相談、訪問調査、支援計画の作成（無料）
　② 生活支援員の訪問（利用援助、金銭管理等）（1回当たり1時間程度1,000～1,500円）
　③ 書類等の預かりサービス（実費）
　④ 貸金庫からの出入れ（1回当たり750円）

なお、参考まで、次頁に「日常的金銭管理サービス等取扱依頼書兼代理人届」の書式例を挙げます。

日常的金銭管理サービス等取扱依頼書兼代理人届

平成○○年○○月○○日

○○銀行　○○支店　御中

　　　　　　　　（A）預金者住所
　　　　　　　　　　氏名　　　　　　　　　（届出印）
　　　　　　　　（B）代理人住所
　　　　　　　　　　氏名（注1）　　　　　　（実　印）

　今般、預金者○○（以下、Aという）と社会福祉法人○○社会福祉協議会（以下、Bという）は、日常生活自立支援事業に基づく福祉サービス利用援助契約（注2）を締結しました。

　つきましては、○○サービスの利用のため、Aの下記預金について、Bが代理人となり、Bの専門員、生活支援員が○○（注3）として預金の取扱いを行うこととしたので、下記のとおり依頼します。なお、本取扱いについて変更があった場合または終了したときは、直ちに文書で通知します。

　本日以降、本件取扱いによって生じる一切の責任を私どもが負うことに異議はなく、貴行には何ら迷惑損害をおかけしません。

記

（A）預金者名　住所
　　　　　　　　氏名

対象預金明細

預金の種類	口座番号	名義人

（B）代理人　　住所
　　　　　　　　氏名

　専門員　　　　住所
　　　　　　　　氏名　　　　　　　　　使用印

　生活支援員　　住所
　　　　　　　　氏名　　　　　　　　　使用印

以上

(注1) 社会福祉協議会の理事名も明記します。
(注2) 福祉サービス利用援助契約には「福祉サービスの利用援助」契約、「日常的金銭管理サービス」契約、「書類等の預かりサービス」契約が含まれており、どのサービスを利用するか選択できるようになっています。
(注3) 専門員または生活支援員が代理人となる場合と使者（または代行）となる場合があるので、いずれかを明記します。

2 成年後見制度

1 成年後見制度の概要

　成年後見制度とは、判断能力が不十分となった成年の生活・医療・介護・福祉などにも目配りしながら、本人を保護・支援するものです。ただし、財産管理や遺産分割協議、介護サービス契約の締結などの法律行為に関するものに限られ、実際の介護などの事実行為は本制度の対象ではありません。成年後見制度としては、民法による「法定後見」と、任意後見契約に関する法律（以下、「任意後見法」という）による「任意後見」があります。

　それぞれの制度の概要は以下のとおりですが、取引に際しては、保護者（成年後見人や任意後見人）の権限（登記事項証明書で確認する）等に留意して対応しなければなりません。

(1) 「法定後見」の概要

　「法定後見」には、本人の判断能力の程度に応じて、①後見、②保佐、③補助の３つの類型があり、申立による家庭裁判所の審判によって後見等が開始されます。

　成年後見人、保佐人、補助人は、いずれも親族に限らず、弁護士や司法書士などの第三者のほか、社会福祉法人などの法人でもよく、複

数も可能です（民法843条）。

① 後見

後見の対象者は、意思能力がまったく欠けており、日常生活に関する行為も自分ではできない常況の者です（民法7条）。

成年後見人は、本人の行為全般について、本人を代理することができ、本人がした行為（日常生活に関する行為を除く）を取り消すことができます（民法9条）。

② 保佐

保佐の対象者は、判断能力が著しく不十分であり、民法13条1項に定められている「重要な法律行為」(注)を自分自身ではできないという程度の判断能力の者のことです（民法11条）。また、この民法13条1項の「重要な法律行為」は、すべて保佐人の同意を要することとされ、本人または保佐人は、これに反する行為を取り消すことができます。

なお、保佐人が当然に有する民法13条1項所定の同意権は、登記事項証明書には記載されません。ただし、家庭裁判所は、必要があれば、申立により同意を要する行為を追加して付与することができ（民法13条2項）、さらに、保佐人に本人を代理する権限を付与することができます（同法876条の4第1項）。同意権を追加して付与した場合は、同意行為目録が登記事項証明書に添付され、代理権を付与した場合には、代理権目録が登記事項証明書に添付されます。

(注) 民法13条1項は、保佐人に同意権・取消権が与えられる重要な財産行為を定めています。具体的には、つぎにあげる行為などです。
　① 元本を領収しまたは利用すること
　② 金銭の借入れや保証をすること
　③ 不動産または重要な動産（自動車等）の売買や抵当権設定等をすること
　④ 訴訟行為をすること
　⑤ 贈与、和解または仲裁合意をすること

⑥　相続の承認もしくは放棄または遺産分割をすること
⑦　贈与の申込みを拒絶し、遺贈を放棄し、負担付贈与の申込みを承諾し、または負担付遺贈を承認すること
⑧　新築、改築、増築または大修繕をすること
⑨　建物については3年、土地については5年を超える期間の賃貸借をすること

③　補助

　補助の対象者は、判断能力が不十分であり、重要な法律行為は自分自身でできるかもしれないが、自信がないという程度の者をいいます（民法15条1項）。

　補助人の代理権や同意権の範囲・内容は、家庭裁判所が個々の事案において必要性を判断したうえで決定します。同意を要する行為は、民法13条1項所定の重要な法律行為の全部ではなく一部に限られますが、補助人が同意権を付与された行為は、本人または補助人が取り消すことができます。

　なお、補助を開始するにあたっては、本人の同意が必要であり、家庭裁判所が本人の意思を確認しますが、後見および保佐においては、本人の同意は要件とされていません。

〈法定後見制度の仕組み、手続と期間〉

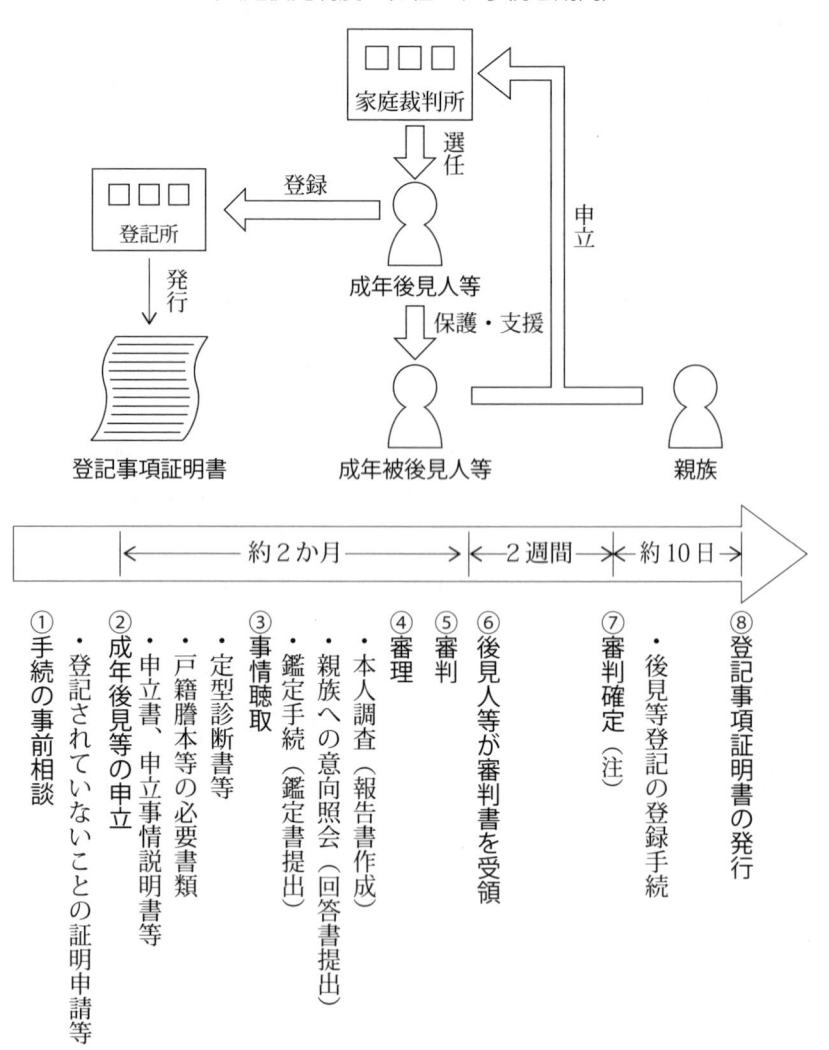

```
                    家庭裁判所
                       ↓選任      ↑申立
    登録
登記所 ←――― 成年後見人等
 ↓発行           ↓保護・支援
登記事項証明書   成年被後見人等   親族
```

約2か月 ― 2週間 ― 約10日

① 手続の事前相談

② 成年後見等の申立
・登記されていないことの証明申請等
・申立書、申立事情説明書等
・戸籍謄本等の必要書類
・定型診断書等

③ 事情聴取

④ 審理
・本人調査（報告書作成）
・親族への意向照会（回答書提出）
・鑑定手続（鑑定書提出）

⑤ 審判

⑥ 後見人等が審判書を受領

⑦ 審判確定（注）

⑧ 登記事項証明書の発行
・後見等登記の登録手続

（注）⑦の審判の確定後1か月以内（実務上は1か月程度）に、後見人等は本人の財産目録・年間収支予定表を家庭裁判所に提出しなければなりません。ここで提出された財産目録・年間収支予定表は、その後の後見等監督の基礎資料となります。

〈法定後見制度の概要図〉

法定後見の類型	後　見	保　佐	補　助
被保護者	成年被後見人	被保佐人	被補助人
被保護者の事理弁識能力（判断能力）	まったく欠けている	著しく不十分	不十分
後見等の申立人	本人、配偶者、四親等内の親族、検察官、市町村長など（注1）		
鑑　定（注2）	必　要	必　要	原則として不要
保護者	成年後見人	保佐人	補助人
保護者の同意が必要な行為	―	民法13条1項所定の「重要な法律行為」（注3、注4、注5）	家庭裁判所が審判で定める「特定の法律行為」（民法13条1項所定の一部）（注1、注3、注5）
取消しが可能な行為	日常生活に関する行為以外の行為	同上（注3、注4、注5）	同上（注3、注5）
保護者に与えられる代理権の範囲	財産に関するすべての法律行為	家庭裁判所が審判で定める「特定の法律行為」（注1）	同左（注1）
後見開始等によって本人（被保護者）が制約を受ける権利等	印鑑登録は抹消される。医師、税理士等の資格や会社役員の地位も失う	医師、税理士等の資格や会社役員の地位を失う	後見開始や保佐開始の場合のような制限は受けない

（注1）本人以外の者の請求により、保佐人に代理権を与える審判をする場合、本人の同意が必要になります。補助開始の審判や補助人に同意権・代理権を与える審判をする場合も本人の同意が必要です。
　　　なお、後見開始や保佐開始の申立を行う場合や、後見開始や保佐開始の審判をする場合は本人の同意は不要です。
（注2）鑑定とは、本人に判断能力がどの程度あるかを医学的に判定するための手続です。申立時に提出する診断書とは別に、家庭裁判所が医師に鑑定依頼をする形で行われます。鑑定手続は、後見開始および保佐開始の審判では欠かせないものです。
（注3）民法13条1項では、不動産等重要な財産の売買、抵当権の設定、貸借、訴訟、相続の承認・放棄、新築・改築・増築などの重要な法律行為が挙げられています。
（注4）申立の範囲内で、家庭裁判所の審判により、民法13条1項所定の行為以外についても、同意権・取消権の範囲を広げることができます。
（注5）日常生活に関する行為は除かれます。

(2) 「任意後見」の概要

　委任契約に基づく任意代理人の代理権は、委任者の死亡や破産手続開始によって当然に終了しますが、本人の意思能力が不十分となっただけでは、終了せずに存続します。しかし、本人の判断能力が不十分となったまま存続すると、本人が任意代理人の行動が適切かどうかを監督することができません。そこで、任意後見制度は、このような場合の代理人の行動が適切かどうかを公的に監督することにより、委任者である本人がその判断能力低下後も、受任者である任意後見人による財産管理等の委任事務を安心してまかせることができる制度として法制化されたものです。

　① 任意後見契約の締結

　本人は、将来判断能力が不十分となった際における療養看護・財産管理等の事務委託をする旨の「任意後見契約」を「任意後見受任者」との間で締結します。この契約は公正証書により締結されますが（任意後見法3条）、任意後見人の代理権の範囲（任意後見法3条に関する省令2条）や「任意後見監督人」が選任されると効力が生じる旨の定めが記載され（任意後見法2条1号）、これらの契約内容が登記されます。

　② 任意後見監督人の選任

　本人の判断能力が不十分となり、家庭裁判所の審判により「任意後見監督人」が選任されると、「任意後見受任者」は「任意後見人」として本人の代理人となります。なお、審判に際しては本人の同意が必要であり、家庭裁判所が同意の有無を確認します。本人の判断能力は、法定後見でいえば、少なくとも補助に該当する程度以上に不十分となっていることが必要です（補助、保佐、後見のいずれの判断能力に該当する場合でも、任意後見契約の効力を生じさせることができます）。

　そして、任意後見監督人選任の審判が確定すると、任意後見契約の

効力が発生し、審判の内容が登記されます。
　③　任意後見人の代理権の範囲と取消権
　家庭裁判所の審判により任意後見人となった者は、任意後見契約（公正証書）において定められている事務について代理権が付与されますが、取消権は与えられません。
　したがって、本人（被後見人）が訪問販売等により不必要な高額商品を購入させられたとしても、任意後見人はこのような本人が行った法律行為を取り消すことはできません。そこで、このような事態が繰り返し発生するおそれがある場合は、本人のために法定後見の申立も検討課題となってきます。

■〈任意後見監督人選任事例〉

本　　人	男性（75歳）、脳梗塞による認知症の症状、長女家族と同居
任意後見人	長女（44歳）、主婦
申立の動機	不動産管理
任意後見監督人	弁護士

　本人は、長年にわたって自己の所有するアパートの管理をしていたが、長女との間で判断能力が低下した場合に備えて、任意後見契約を結びました。その数か月後、本人は脳梗塞で倒れ、左半身が麻痺するとともに、認知症の症状が現れアパートを所有していることさえ忘れてしまったため、任意後見契約の相手方である長女が任意後見監督人選任の審判の申立をしました。
　家庭裁判所の審理を経て、弁護士が任意後見監督人に選任され、長女が任意後見人として、アパート管理を含む本人の財産管理、身上監護に関する事務を行い、これらの事務が適正に行われているかどうかを任意後見監督人が定期的に監督するようになりました。
※法務省ホームページより

(3) 成年後見登記について

　従来の禁治産・準禁治産に係る戸籍への記載は廃止され、補助、保佐、後見および任意後見契約について新たな登記制度が設けられました。後見登記事務は、法務大臣が指定する法務局の登記官が行うものとされ、後見登記は原則として家庭裁判所または公証人の嘱託によって行うものとされています。

　法定後見について後見登記等ファイルに記録される主なものは、①後見の種別、②本人の住所氏名、③法定後見人の住所氏名、④保佐人または補助人の同意を得ることを要する行為が定められたときは、その行為、⑤保佐人または補助人に代理権が付与されたときは、その代理権の範囲、などです。

　任意後見についても、任意後見人の住所氏名、代理権の範囲等が後見登記等ファイルに記載されます。

　登記事項証明書の交付請求権者は、本人、法定後見人、配偶者等に限られています。また、本人について後見開始の審判や任意後見契約等に関する記録がないことの証明書の交付も請求できます。

2　成年後見人等の留意しなければならない事項

　成年後見人は、成年被後見人（本人）の生活、療養看護および財産の管理に関する事務を行うにあたっては、本人の意思を尊重し、かつその心身の状態および生活の状況に配慮しなければならないものとされ（民法858条）、本人の財産については善良なる管理者としての注意をもって管理する義務を負っています（同法869条・644条）。

(1) 財産の管理は安全確実が基本

　成年後見人は、本人の財産の管理について、本人の利益を損なわないよう元本が保証されたものなど安全確実な方法で行うことを基本とし、投機的な運用は避けなければなりません。

また、本人の財産を、本人の配偶者や子、孫など（親族が経営する会社も含む）に贈与したり、貸し付けることは、原則として認められません。

　相続税対策を目的とする贈与等についても同様です。本人の財産を減らすことになり、また、ほかの親族との間で無用の紛争が発生するおそれもあるためです。

(2) **本人の財産から支出できるもの**

　本人の財産から支出できる主なものとしては、本人自身の生活費のほか、本人が第三者に対して負っている債務の弁済金、成年後見人がその職務を遂行するために必要な経費、本人が扶養義務を負っている配偶者や未成年の子などの生活費などがあります。

　ただし、身内や親しい友人の慶弔の際に支払う祝儀や香典等については、その支出の必要性、相当性について、本人の生活費や必要経費よりも一層慎重な判断が求められます。また、本人の自宅の修理・改築や、自動車購入といった多額の支出が見込まれる場合や、支出の必要性に疑問がある場合には、必ず裁判所に事前に相談すべきものとされています。

(3) **贈与や貸付け等の必要がある場合**

　贈与や貸付け等の必要がある場合についても、家庭裁判所に必ず事前相談しなければなりません。贈与や無担保貸付などは、成年被後見人（本人）の明確な意思・意向等が存しない限り、原則として禁止されます（東京家裁後見問題研究会編著「後見の実務」別冊判例タイムズ36号79頁以下）。保証行為や抵当権設定行為等の無償行為についても、本人の明確な意思・意向等から是認できる場合でない限り、原則として禁止されるものと考えられます。

(4) **不正行為や著しい不行跡がある場合**

　成年後見人に不正な行為、著しい不行跡その他後見の任務に適さな

い事由があるときには、家庭裁判所によって解任されることがあります。また、不正な行為によって本人に損害を与えた場合には、損害を賠償しなければなりません。さらに悪質な場合には、業務上横領罪等の刑事責任を問われるおそれがあります。

　なお、刑法255条が準用する同法244条1項は、親族間の犯罪に関する特例を定め、配偶者、直系血族または同居の親族との間での横領等の罪またはこれらの罪の未遂を犯した者は、その刑を免除すると定めています。

　ただし、成年後見人による業務上横領事件（成年後見人（成年被後見人の養父）が成年被後見人の預貯金を引き出して横領）について、前掲（69頁）最高裁平成24年10月9日決定は、「成年後見人と成年被後見人との間に刑法244条1項所定の親族関係があっても、同条項を準用して刑法上の処罰を免除することができないことはもとより、その量刑に当たりこの関係を酌むべき事情として考慮するのも相当ではない」としています。

3　後見等事務のチェック機能

(1)　後見等監督について

　家庭裁判所による監視・監督は、適時に後見人へ後見事務の報告や財産目録の提出を求め、これを点検していくことを通じて行うことが基本です。

　しかし、点検作業の過程で後見事務に問題のあること、または問題が含まれている可能性があることを認識した場合には、金融機関に対する調査嘱託や、家庭裁判所調査官による事実関係の調査等を行って、問題の有無・対応などにつき検討したり、財産の管理その他後見の事務について必要な処分を命じたりするほか（民法863条）、場合によっては家庭裁判所調査官の調査等を経ずに直ちに専門職後見人の

追加選任・権限分掌の措置を講じて財産保全と後見事務の調査を行い、後見人を解任することもあります。さらに、後見人の不正事案については、横領、背任等の刑罰法規に触れるものとして、家庭裁判所として刑事告発を行うことがあります。

(2) **後見監督人の職務権限等と監督責任**

後見監督人の職務は、後見人の事務を監督するほか、後見人が欠けた場合に遅滞なくその選任を家庭裁判所に請求し、急迫の事情がある場合に必要な処分を行い、成年後見人と本人の利益が相反する取引を行う場合には本人の代理人となります（民法851条）。

また、監督行為としては、後見人の財産目録作成等に立ち会うこと（民法853条）や、財産目録の調査結果等の報告を求めることのほか、財産状況を直接調査する権限があります（民法863条1項）。

なお、成年後見人らが成年被後見人の預金を着服横領した場合において、後見監督人が、後見監督人に選任された後、一件記録の謄写をしただけで、成年後見人らによる成年被後見人の財産管理の状況を把握せず、その間に成年後見人らによって多額の金銭が横領されたと認められる判示の事実関係の下においては、後見監督人としての善管注意義務違反により、成年被後見人に生じた損害について賠償すべき責任を負うとの裁判例（大阪地判堺支部平成25・3・14金融・商事判例1417号22頁）があります。

(3) **家庭裁判所の許可が必要な場合**

許可等を必要とする行為を許可等なく行われた場合は、当該行為は無効となります。

① 本人の居住用不動産について、売却、賃貸、抵当権の設定、建物の取り壊し、賃借物件であるときは賃貸借契約を解除すること等をする場合

→居住用不動産の処分の許可が必要（民法859条の3・876条の

5・876条の10)。

② 例えば、本人と成年後見人がいずれも相続人である場合に遺産分割協議をしたり、成年後見人が本人所有不動産を買い取る等、本人と成年後見人との間において利益が相反する場合

→特別代理人(保佐の場合は、臨時保佐人。補助の場合は臨時補助人)選任の請求が必要(同法860条・826条・876条の2第3項・876条の7第3項)。なお、後見監督人、保佐監督人、補助監督人が選任されている場合は、当該監督人が成年被後見人等の代理人となる

③ 成年後見人等が本人の財産から一定の報酬をもらう場合

→報酬付与の申立が必要

以上のような場合のほかでも、重要な財産を処分したり、その行為が本人の利益になるかが不安な場合は、成年後見人等が善良なる管理者としての注意をもって後見事務を行わなければなりませんから、事前に家庭裁判所に相談するようにすべきものと考えられます。

4 後見事務の終了

(1) 本人の死亡

本人の死亡により後見事件は終了し、後見人は、死亡診断書の写しまたは戸籍・除籍謄本を添付して家庭裁判所に報告します。また、東京法務局後見登録課に後見終了の登記の申請をします。また、本人死亡後任務が終了したときから2か月以内に管理の計算を行い、相続人に対して財産管理を引き継ぎます。相続人不存在の場合は、相続財産管理人に対して管理計算の報告をします。

(2) 成年後見人等のやむを得ない事情等

後見人は、「正当な事由があるとき」は家庭裁判所の許可を得て辞任することができます。

資　料

成年後見制度に関する届出書（例）

年　月　日

銀行
支店　御中

本人	おところ		お電話（　　－　　－　　）
	おなまえ	フリガナ	
			○ （届出印）

補助人 保佐人 成年後見人 任意後見人	おところ		お電話（　　－　　－　　）
	おなまえ	フリガナ	
			○ （実印）〔注〕

　私（本人）は、成年後見制度に係る家庭裁判所の審判を受けましたので、貴店との取引について、次のとおりお届けいたします。
　なお、届出内容に変更があった場合には、改めてお届けいたします。
　（1・2については、該当する項番・項目を○で囲んでください。）

1．同意権（取消権）付与の審判

審判の種類	補助・保佐
同意権（取消権）の内容	・添付資料のとおり。
添付資料	登記事項証明書　・　審判書の銀行届出用抄本（理由部分のみを省略したもの）および確定証明書

2．代理権付与の審判

審判の種類	補助・保佐・成年後見・任意後見（任意後見監督人の選任）
代理権の内容	・添付資料のとおり。
添付資料	登記事項証明書　・　審判書の銀行届出用抄本（理由部分のみを省略したもの）および確定証明書

3．現在の取引の種類

4．その他

〔注〕ただし、後見人等が家庭裁判所に選任され、就任したことについては登記により公示されることから、実印および印鑑登録証明書による代理人としての意思確認は改めて行わず、後見人等から、本届出書、成年後見登記に関する登記事項証明書および犯収法が定める本人確認書類の提示・提出によるのみを受けることとしているケースも考えられます。

　詳しくは、取引銀行にご相談ください。

※全銀協ホームページより

資　料

成年後見制度に関する届出書（例）

年　月　日

銀行
支店　御中

本人	おところ		お電話（　　－　　－　　）
	おなまえ	フリガナ	
			◯ (届出印)
補助人 保佐人 成年後見人 任意後見人	おところ		お電話（　　－　　－　　）
	おなまえ	フリガナ	
			◯ (実印) 〔注〕

　私（本人）は、成年後見制度に係る家庭裁判所の審判を受けましたので、貴店との取引について、次のとおりお届けいたします。
　なお、届出内容に変更があった場合には、改めてお届けいたします。

(1) 審判の内容（該当する項目を〇で囲んでください。）

審判の種類	補助・保佐・成年後見・ 任意後見（任意後見監督人の選任）
	代理権付与の審判・同意権（取消権）付与の審判
代理権・同意権の内容	添付資料のとおり。
添付資料	登記事項証明書　・　審判書の銀行届出用抄本（理由部分のみを省略したもの）および確定証明書

(2) 現在の取引の種類

口座番号をご記入下さい	総合口座	普通	
		定期	
	普通預金		(その他、各行における取引の種類を記す)
	定期預金		
	当座預金		

・　・　・

(3) その他

〔注〕ただし、後見人等が家庭裁判所に選任され、就任したことについては登記により公示されることから、実印および印鑑登録証明書による代理人としての意思確認は改めて行わず、後見人等から、本届出書、成年後見登記に関する登記事項証明書および犯収法が定める本人確認書類の提示・提出によるのみを受けることとしているケースも考えられます。

　詳しくは、取引銀行にご相談ください。

※全銀協ホームページより

証明書の見本
※印の欄は注釈・説明です。実際の証明書にはありません。

〔1〕登記事項証明書　【後見】
　　（後見開始と併せて成年後見人及び成年後見監督人が一人ずつ選任された後，成年後見人
　　が住所の変更をし，成年後見監督人が辞任した場合）

登　記　事　項　証　明　書

【後　見】

後見開始の裁判
　【裁　判　所】○○家庭裁判所
　【事件の表示】平成 23 年（家）第××××号
　【裁判の確定日】平成 24 年 1 月 7 日
　【登記年月日】平成 24 年 1 月 17 日
　【登記番号】第 2012－××××号

成年被後見人
　【氏　　　名】後見一郎
　【生年月日】昭和 20 年 12 月 29 日
　【住　　　所】東京都千代田区九段南 1 丁目 1 番 15 号
　【本　　　籍】東京都千代田区九段南 1 丁目 2 番地

※　成年被後見人がした法律行為は，取り消すことができます。ただし，日用品の購入その他日常生活に関する行為（民法 9 条）や婚姻（民法 738 条）などの身分行為は取消しの対象となりません。

成年後見人
　【氏　　　名】後見太郎
　【住　　　所】東京都千代田区九段南 1 丁目 1 番 10 号
　【選任の裁判確定日】平成 24 年 1 月 7 日
　【登記年月日】平成 24 年 1 月 17 日
　【従前の記録】
　　【住所変更日】平成 24 年 1 月 18 日
　　【登記年月日】平成 24 年 1 月 19 日
　　【変更前住所】東京都千代田区九段南 1 丁目 1 番 4 号

※　成年後見人は成年被後見人の財産を管理し，財産上の法律行為について成年被後見人を代表します（民法 859 条 1 項）。
　　また，成年被後見人がした法律行為を取り消し，または追認することができます（民法 120 条，122 条）。

成年後見監督人であった者
　【氏　　　名】成年三郎
　【住　　　所】東京都千代田区九段南 1 丁目 1 番 8 号
　【選任の裁判確定日】平成 24 年 1 月 7 日
　【登記年月日】平成 24 年 1 月 17 日
　【辞任許可の裁判確定日】平成 24 年 2 月 20 日
　【登記年月日】平成 24 年 2 月 23 日

※成年後見人等が数人選任されている場合で，事務を分掌するとき又は共同して権限を行使するときは「権限行使の定め目録」が添付されます。

※印の欄は注釈・説明です。実際の証明書にはありません。

　上記のとおり後見登記等ファイルに記録されていることを証明する。
　　平成 24 年 3 月 1 日
　　　　　　東京法務局　登記官　　法　務　太　郎　　　㊞

〔証明書番号〕　2012-0100-00001（1／1）

※法務省ホームページより

資　料

証明書の見本
※印の欄は注釈・説明です。実際の証明書にはありません。

〔２〕登記事項証明書　【保佐】
（保佐開始と併せて保佐人一人が選任されている場合（ただし，代理権及び民法13条１項所定の行為以外に対する同意権がともに保佐人に付与されていないとき））

登 記 事 項 証 明 書

保　佐

保佐開始の裁判
【裁　判　所】○○家庭裁判所
【事件の表示】平成23年（家）第××××号
【裁判の確定日】平成24年１月７日
【登記年月日】平成24年１月17日
【登記番号】第2012－××××号

※ 被保佐人が，民法13条１項所定の行為（例：重要な財産取引）をするには，保佐人の同意を得ることが必要です。また，同意なく行った場合には取り消されることがあります。
ただし，日用品の購入その他日常生活に関する行為を除きます。

被保佐人
【氏　　　名】後見一郎
【生年月日】昭和20年12月29日
【住　　　所】東京都千代田区九段南１丁目１番15号
【本　　　籍】東京都千代田区九段南１丁目２番地

※ 保佐人は，被保佐人がする民法13条１項所定の行為に対して同意権を有します。また，同意なく行った被保佐人の行為を取り消し，または追認することができます（民法120条，122条）。

保佐人
【氏　　　名】後見太郎
【住　　　所】東京都千代田区九段南１丁目１番10号
【選任の裁判確定日】平成24年１月７日
【登記年月日】平成24年１月17日

※印の欄は注釈・説明です。実際の証明書にはありません。

※注　保佐人が当然に有する同意権は以下のとおりです（登記事項証明書には記載されません。）。
民法13条１項［保佐人の同意を要する行為等］
　被保佐人が次に掲げる行為をするには，その保佐人の同意を得なければならない。ただし，第９条ただし書に規定する行為については，この限りでない。
一　元本を領収し，又は利用すること。
二　借財又は保証をすること。
三　不動産その他重要な財産に関する権利の得喪を目的とする行為をすること。
四　訴訟行為をすること。
五　贈与，和解又は仲裁合意をすること。
六　相続の承認若しくは放棄又は遺産の分割をすること。
七　贈与の申込みを拒絶し，遺贈を放棄し，負担付贈与の申込みを承諾し，又は負担付遺贈を承認すること。
八　新築，改築，増築又は大修繕をすること。
九　第六百二条に定める期間を超える賃貸借をすること。

※ 保佐人に代理権を付与した場合（民法876条の４第１項）には，代理権目録が添付されます。

※ 保佐人に民法13条１項所定の行為以外に対して同意権を付与した場合（民法13条２項）には，同意行為目録が添付されます。

※保佐人等が数人選任されている場合で，事務を分掌するとき又は共同して権限を行使するときには「権限行使の定め目録」が添付されます。

上記のとおり後見登記等ファイルに記録されていることを証明する。
　　平成24年３月１日

　　　　　東京法務局　登記官　　法　務　太　郎　　㊞

［証明書番号］　2012-0100-00002（1／1）

※法務省ホームページより

[3] 登記事項証明書　【補助】
　　（補助開始と併せて補助人が一人選任された後，さらに一人選任された場合（ただし，同意権は二人に，代理権は一方のみに付与されているとき））

登 記 事 項 証 明 書

【　補　助　】

補助開始の裁判
　【裁　判　所】○○家庭裁判所
　【事件の表示】平成23年（家）第××××号
　【裁判の確定日】平成24年1月7日
　【登記年月日】平成24年1月17日
　【登記番号】第2012－××××号

被補助人
　【氏　　　名】後見一郎
　【生年月日】昭和20年12月29日
　【住　　　所】東京都千代田区九段南1丁目1番15号
　【本　　　籍】東京都千代田区九段南1丁目2番地

補助人
　【氏　　　名】後見太郎
　【住　　　所】東京都千代田区九段南1丁目1番10号
　【選任の裁判確定日】平成24年1月7日
　【登記年月日】平成24年1月17日
　【代理権付与の裁判確定日】平成24年1月7日
　【代理権の範囲】別紙目録記載のとおり
　【登記年月日】平成24年1月17日
　【同意を要する行為の定めの裁判確定日】平成24年1月7日
　【同意を要する行為】別紙目録記載のとおり
　【登記年月日】平成24年1月17日

補助人
　【氏　　　名】成年三郎
　【住　　　所】東京都千代田区九段南1丁目1番10号
　【選任の裁判確定日】平成24年1月23日
　【登記年月日】平成24年1月30日
　【同意を要する行為の定めの裁判確定日】平成24年1月7日
　【同意を要する行為】別紙目録記載のとおり
　【登記年月日】平成24年1月30日

※印の欄は注釈・説明です。実際の証明書にはありません。

※ 補助人に代理権を付与した場合（民法876条の9第1項）には，代理権目録が添付されます。
※ 補助人に民法13条1項所定の行為の一部に対して同意権を付与した場合（民法17条1項）には，同意行為目録が添付されます。

※ 審判の内容に応じ，補助人は代理権を有し，または，一定の法律行為（民法13条1項所定の行為のうち一部）について同意権を有します。
　また，同意を要する行為について，同意なく行った被補助人の行為を取り消し，または追認することができます（民法120条，122条）。

※ 補助人には，少なくとも代理権又は同意権のどちらか一方が必ず付与されます（民法15条3項）。

※ 補助人が数人選任されている場合で，事務を分掌するとき又は共同して権限を行使するときには「権限行使の定め目録」が添付されます。

上記のとおり後見登記等ファイルに記録されていることを証明する。
　　平成24年3月1日
　　　　　東京法務局　登記官　　法 務 太 郎　　㊞

※　実際の証明書では，用紙が数枚にわたる場合，最終頁に認証文のみの用紙が添付されます（4/4）。

［証明書番号］　2012-0100-00003　（1／4）

※法務省ホームページより

資　料

> 証明書の見本

※印の欄は注釈・説明です。実際の証明書にはありません。

登 記 事 項 証 明 書（別 紙 目 録）　　　補　助

代理行為目録

代 理 行 為 目 録

1　被補助人の所有するすべての財産の管理・保存・処分
2　〇〇府〇〇市〇〇町〇〇番〇号老人ホーム〇〇に関する賃貸借契約の締結・変更・解除
3　預貯金の管理（口座の開設・変更・解約・振込み・払戻し）
4　定期的な収入（家賃収入・年金等の受領）の管理
5　定期的な支出（ローン支払い，家賃支払い・病院費用等）の管理
6　実印・銀行印・印鑑登録カード等の保管に関する事項
7　介護契約等に関する事項
（1）介護サービスの利用契約
（2）老人ホームの入居契約
8　医療（病院等への入院等）契約の締結・変更・解除

※印の欄は注釈・説明です。実際の証明書にはありません。

> ※　代理権目録には，この目録の別紙として，財産目録や預貯金等目録が添付されることがあります。

登記年月日　平成24年1月17日　　　［証明書番号］　2012-0100-00003（2／4）

※法務省ホームページより

※証明書の見本
※印の欄は注釈・説明です。実際の証明書にはありません。

登 記 事 項 証 明 書（別紙目録）　　補　助

同意行為目録

　　　　　　　　同 意 行 為 目 録

1　借財又は保証をなすこと
2　不動産その他重要な財産に関する権利の得喪を目的とする行為をなすこと
3　新築，改築，増築又は大修繕をなすこと

※印の欄は注釈・説明です。実際の証明書にはありません。

※　先に登記された保佐人（補助人）と同じ代理権又は同意権を，後に登記された保佐人（補助人）が行使できる場合，同じ代理権目録等にそれぞれの登記年月日が記載されます。
・平成24年1月17日は，後見太郎に付与された同意権の登記年月日
・平成24年1月30日は，成年三郎に付与された同意権の登記年月日

登記年月日　平成24年1月17日
登記年月日　平成24年1月30日　　　　　［証明書番号］　2012-0100-00003（3／4）

※法務省ホームページより

資　料

証明書の見本
※印の欄は注釈・説明です。実際の証明書にはありません。

〔４〕登記事項証明書　【任意後見契約】
　　　（任意後見監督人が選任される前の場合（任意後見契約の効力が生じていない場合））

登　記　事　項　証　明　書

任意後見

任意後見契約
　【公証人の所属】東京法務局
　【公証人の氏名】山田太郎
　【証書番号】平成24年第××××号
　【作成年月日】平成24年1月5日
　【登記年月日】平成24年1月10日
　【登記番号】第2012－××××号

任意後見契約の本人
　【氏　　　名】後見一郎
　【生年月日】昭和20年12月29日
　【住　　　所】東京都千代田区九段南1丁目1番15号
　【本　　　籍】東京都千代田区九段南1丁目2番地

任意後見受任者
　【氏　　　名】後見太郎
　【住　　　所】東京都千代田区九段南1丁目1番10号
　【代理権の範囲】別紙目録記載のとおり

※　任意後見契約は，任意後見監督人が選任されたときからその効力を生じます(任意後見契約に関する法律2条1号)。
　　そのため，任意後見監督人が選任されるまで，任意後見受任者は任意後見契約での代理権を行使できません(任意後見人ではなく，任意後見受任者と表示されます。)。

※印の欄は注釈・説明です。実際の証明書にはありません。

※　任意後見契約は，1個の契約につき一つの登記記録が作成されます。このため，数人の任意後見人がいる場合は，代理権の共同行使の特約(後見登記等に関する法律5条5号)がないときは，任意後見人ごとに登記記録が作成されます(登記事項証明書も別々になります。)。
　　公正証書が任意後見人ごとに作成された場合でも，1通で作成された場合でも，同様です。
　　しかし，共同行使の特約がある場合，その任意後見契約は不可分で1個とされるため，登記記録も一つとなり，登記事項証明書上も任意後見人は連名で記載され，「代理権の共同行使の特約目録」が別紙として追加されます。

　　上記のとおり後見登記等ファイルに記録されていることを証明する。
　　　平成24年3月1日

　　　　　　東京法務局　登記官　　法　務　太　郎　　㊞

※　実際の証明書では，用紙が数枚にわたる場合，最終頁に認証文のみの用紙が添付されます(3／3)。

［証明書番号］　2012-0100-00004 (1／3)

※法務省ホームページより

証明書の見本
※印の欄は注釈・説明です。実際の証明書にはありません。

登 記 事 項 証 明 書 (別 紙 目 録)　　任意後見

代理権目録

代 理 権 目 録

1. 財産の管理・保存・処分等に関する事項
   - 甲に帰属するすべての財産及び本契約締結後に甲に帰属する財産（預貯金を除く。）並びにその果実の管理・保存
   - 上記の財産（増加財産を含む。）及びその果実の処分・変更
     売却
     賃貸借契約の締結・変更・解除
     担保権の設定契約の締結・変更・解除
2. 定期的な収入の受領及び費用の支払に関する事項
   - 定期的な収入の受領及びこれに関する諸手続
     家賃・地代
     年金・障害手当金その他の社会保障給付
   - 定期的な支出を要する費用の支払及びこれに関する諸手続
     家賃・地代
     公共料金
     保険料
     ローンの返済金
3. 生活に必要な送金及び物品の購入等に関する事項
   - 生活費の送金
   - 日用品の購入その他日常生活に関する取引
   - 日用品以外の生活に必要な機器・物品の購入
4. 介護契約その他の福祉サービス利用契約等に関する事項
   - 介護契約（介護保険制度における介護サービスの利用契約，ヘルパー・家事援助者等の派遣契約等を含む。）の締結・変更・解除及び費用の支払
   - 要介護認定の申請及び認定に関する承認又は異議申立て
   - 介護契約以外の福祉サービスの利用契約の締結・変更・解除及び費用の支払
   - 福祉関係施設への入所に関する契約（有料老人ホームの入居契約等を含む。）の締結・変更・解除及び費用の支払
   - 福祉関係の措置（施設入所措置等を含む。）の申請及び決定に関する異議申立て
5. 医療に関する事項
   - 医療契約の締結・変更・解除及び費用の支払
   - 病院への入院に関する契約の締結・変更・解除及び費用の支払

> ※ 代理権目録には，この目録の別紙として，財産目録や預貯金等目録が添付されることがあります。
> ※ 代理行為の一部又は全部につき，任意後見契約の委任者（本人）又は第三者の同意（承認）を要する旨の特約が付されているときは，同意（承認）を要する特約目録が添付されます。

※印の欄は注釈・説明です。実際の証明書にはありません。

登記年月日　平成23年1月10日　　［証明書番号］　2012-0100-00004（2／3）

※法務省ホームページより

資　料

証明書の見本
※印の欄は注釈・説明です。実際の証明書にはありません。

〔５〕登記事項証明書　【任意後見契約】
　　　（任意後見監督人が選任された後の場合（任意後見契約の効力が生じている場合））

登 記 事 項 証 明 書

任意後見

任意後見契約
　【公証人の所属】東京法務局
　【公証人の氏名】山田太郎
　【証書番号】平成23年第××××号
　【作成年月日】平成24年1月5日
　【登記年月日】平成24年1月10日
　【登記番号】第2012-××××号

※印の欄は注釈・説明です。実際の証明書にはありません。

任意後見契約の本人
　【氏　　名】後見一郎
　【生年月日】昭和20年12月29日
　【住　　所】東京都千代田区九段南1丁目1番15号
　【本　　籍】東京都千代田区九段南1丁目2番地

※　任意後見契約が発効しても，本人の行為能力は制限されることはなく，意思能力がある限り，有効な法律行為をすることができます。

任意後見人
　【氏　　名】後見太郎
　【住　　所】東京都千代田区九段南1丁目1番10号
　【代理権の範囲】別紙目録記載のとおり

※　任意後見契約は，任意後見監督人が選任されたときからその効力を生じます（任意後見契約に関する法律2条1号）。
　任意後見監督人が選任されると，任意後見受任者から任意後見人に表示が変更されます。任意後見契約での代理権を行使できます。

任意後見監督人
　【氏　　名】成年三郎
　【住　　所】東京都千代田区九段南1丁目1番10号
　【選任の裁判確定日】平成24年1月27日
　【登記年月日】平成24年1月31日

※　任意後見契約は，1個の契約につき一つの登記記録が作成されます。このため，数人の任意後見人がいる場合に，代理権の共同行使の特約（後見登記等に関する法律5条5号）がないときは，任意後見人ごとに登記記録が作成されます（登記事項証明書も別々になります。）。
　公正証書が任意後見人ごとに作成された場合でも，1通で作成された場合でも，同様です。
　しかし，共同行使の特約がある場合，その任意後見契約は不可分で1個とされるため，登記記録も一つとなり，登記事項証明書上も任意後見人は連名で記載され，「代理権の共同行使の特約目録」が別紙として追加されます。

　上記のとおり後見登記等ファイルに記録されていることを証明する。
　　平成24年3月1日
　　　　　　東京法務局　登記官　　法　務　太　郎　　㊞

※　実際の証明書では，用紙が数枚にわたる場合，最終頁に認証文のみの用紙が添付されます(3／3)。

［証明書番号］　2012-0100-00005（1／3）

※法務省ホームページより

証明書の見本
※印の欄は注釈・説明です。実際の証明書にはありません。

登 記 事 項 証 明 書（別 紙 目 録）

任意後見

代理権目録

代 理 権 目 録

1．財産の管理・保存・処分等に関する事項
 ・甲に帰属する別紙「財産目録」（※省略）記載の財産及び本契約締結後に甲に帰属する財産（預貯金を除く。）並びにその果実の管理・保存
 ・上記の財産（増加財産を含む。）及びその果実の処分・変更
  売却
  賃貸借契約の締結・変更・解除
  担保権の設定契約の締結・変更・解除
2．定期的な収入の受領及び費用の支払に関する事項
 ・定期的な収入の受領及びこれに関する諸手続
  家賃・地代
  年金・障害手当金その他の社会保障給付
 ・定期的な支出を要する費用の支払及びこれに関する諸手続
  家賃・地代
  公共料金
  保険料
  ローンの返済金
3．生活に必要な送金及び物品の購入等に関する事項
 ・生活費の送金
 ・日用品の購入その他日常生活に関する取引
 ・日用品以外の生活に必要な機器・物品の購入
4．介護契約その他の福祉サービス利用契約等に関する事項
 ・介護契約（介護保険制度における介護サービスの利用契約，ヘルパー・家事援助者等の派遣契約等を含む。）の締結・変更・解除及び費用の支払
 ・要介護認定の申請及び認定に関する承認又は異議申立て
 ・介護契約以外の福祉サービスの利用契約の締結・変更・解除及び費用の支払
 ・福祉関係施設への入所に関する契約（有料老人ホームの入居契約等を含む。）の締結・変更・解除及び費用の支払
 ・福祉関係の措置（施設入所措置等を含む。）の申請及び決定に関する異議申立て
5．医療に関する事項
 ・医療契約の締結・変更・解除及び費用の支払
 ・病院への入院に関する契約の締結・変更・解除及び費用の支払

※ 代理権目録には，この目録の別紙として，財産目録や預貯金等目録が添付されることがあります。
※ 代理行為の一部又は全部につき，任意後見契約の委任者（本人）又は第三者の同意（承認）を要する旨の特約が付されているときは，同意（承認）を要する特約目録が添付されます。

※印の欄は注釈・説明です。実際の証明書にはありません。

登記年月日　平成23年1月10日　　［証明書番号］　2012-0100-00005（2／3）

※法務省ホームページより

〔6〕登記されていないことの証明書

証明書の見本
※印の欄は注釈・説明です。実際の証明書にはありません。

登記されていないことの証明書

①氏　名	甲野太郎		
②生年月日	明治　大正　昭和✓　平成　又は　西暦	29年 9月 19日	
③住　所	都道府県名: 東京都	市区郡町村名: 千代田区	
	丁目大字地番: 九段南1丁目1番10号		
④本　籍 □国籍	都道府県名: 東京都	市区郡町村名: 千代田区	
	丁目大字地番（外国人は国籍を記載）: 九段南1丁目1番地		

※印の欄は注釈・説明です。実際の証明書にはありません。

※　証明事項（証明範囲）は，その用途（提出先等）によって異なります。一般的には，
「成年被後見人，被保佐人とする記録がないこと」
「成年被後見人，被保佐人，被補助人とする記録がないこと」
「成年被後見人，被保佐人，被補助人，任意後見契約の本人とする記録がないこと」
のいずれかについて，証明します。

上記の者について，後見登記等ファイルに成年被後見人，被保佐人とする記録がないことを証明する。

平成24年3月1日

東京法務局　登記官　　法務太郎　　印

〔証明書番号〕 2012-0100F-00006

※法務省ホームページより

■著者紹介■

髙橋 恒夫（たかはし つねお）

　1972年関西学院大学法学部卒業。同年大阪銀行（現近畿大阪銀行）入行。審査部管理課長、審査課長、東京支店副支店長等を歴任。現在、経済法令研究会顧問。

　主要著書・論文
　【著書】『新版トラブル防止のための融資法務Q＆A』、『新版トラブル防止のための預金法務Q＆A』、『企業倒産時の実務対策』（共著）、『マル保融資の推進対話術』（以上、経済法令研究会）ほか多数。
　【論文】「銀行法務21」「ＪＡ金融法務」に毎月連載、ほか多数。

岡野 正明（おかの まさあき）

　1978年中央大学法学部卒業。同年埼玉縣信用金庫入庫。営業店勤務、経営企画部を経て、2008年コンプライアンス統括部部長。2012年より同部上席専任役。

　主要著書・論文
　【著書】『信用金庫法の実務相談』（共著、経済法令研究会）。
　【論文】ＪＡ金融法務519号「高齢者取引の留意点とポイント」、銀行法務21 740号「制限行為能力者と窓口対応」、金融法務事情1966号「成年後見人の利益相反行為」ほか。

加来 輝正（かく てるまさ）

　1985年九州大学法学部卒業。同年西日本銀行（現：西日本シティ銀行）入行。営業店勤務の後、融資部門（債権管理回収業務等）を歴任した後、2007年より事務統括部主任調査役。

　主要著書・論文
　【著書】『銀行窓口の法務対策4500講』、『必携 金融機関のコンプライアンス［業務編Ⅱ］』（以上、共著、金融財政事情研究会）ほか。
　【論文】銀行法務21 713号「金融機関における相続実務上の課題」、銀行法務21 700号「第三セクターの再生と地方自治体の損失補償契約」ほか。

本書の内容に関する訂正等の情報

　本書は内容につき精査のうえ発行しておりますが、発行後に訂正（誤記の修正）等の必要が生じた場合には、当社ホームページ（https://www.khk.co.jp/）に掲載いたします。

金融取引別 高齢者トラブル対策Q&A

2014年8月25日　第1刷発行	
2017年7月15日　第2刷発行	

著　　者　　髙橋恒夫、岡野正明、
　　　　　　加来輝正

発 行 者　　金　子　幸　司
発 行 所　　㈱経済法令研究会
　　　　　　〒162-8421　東京都新宿区市谷本村町3−21
　　　　　　電話　代表03−3267−4811　編集・制作03−3267−4823

営業所／東京 03(3267)4812　大阪 06(6261)2911　名古屋 052(332)3511　福岡 092(411)0805

カバーデザイン／図工ファイブ　組版／DTP室　制作／地切修　渡辺由香　印刷／音羽印刷㈱

Ⓒ Tsuneo Takahashi, Masaaki Okano, Terumasa Kaku 2014　Printed in Japan　　ISBN978-4-7668-2348-6

"経済法令グループメールマガジン" 配信ご登録のお勧め

　当社グループが取り扱う書籍、通信講座、セミナー、検定試験情報等、皆様にお役立ていただける情報をお届け致します。下記ホームページからご登録いただけます。
　　　　　☆　経済法令研究会　https://www.khk.co.jp/　☆

定価はカバーに表示してあります。無断複製・転用等を禁じます。落丁・乱丁本はお取替えします。

関係遮断と取引解消が「わかる」「できる」必読の一冊！

金融機関の
反社取引出口対応
― 関係遮断の実際と手引き ―

森原 憲司 著

●Ａ５判・168頁
●定価 本体1,200円＋税

現場が直面する問題の解決を力強くサポート！

反社会的勢力取引に関するメガバンクへの行政処分事件に対する報道など、反社会的勢力対応についての世間からの注目度、社会からの要請は日々高まっています。また、監督指針、金融検査マニュアルにおいても、金融機関はよりいっそう反社会的勢力への厳しい対応が求められています。こうした状況下、金融機関がとるべき行動、あるべき姿のほか今すぐできる取組みについて、著者の経験を凝縮した渾身の内容です。

本書の特徴
・平成26年6月の監督指針、金融検査マニュアル改正に対応
・著者の豊富な経験に基づくロールプレイングシナリオを収録
・金融機関の反社取引のパターンを22に分類し、対応を解説

■同時予刊■
別冊 金融・商事判例
反社会的勢力を巡る判例の分析と展開
東京弁護士会
民事介入暴力対策特別委員会 編
●Ｂ５判　208頁
●定価 本体2,500円＋税

目 次

はじめに
第1章　反社会的勢力の現状
1　反社会的勢力とは何か
2　警察のデータからみる暴力団の現状
3　司法の包囲網
4　行政の包囲網
5　立法の包囲網
第2章　金融機関の対応～担当者から寄せられる質問を中心に～
1　職員の安全確保
2　口座取引・融資取引からの反社会的勢力排除における22の類型
3　口座取引解消の実際
4　融資取引解消の実際
第3章　実務に役立つロールプレイングシナリオ
1　解約通知に対する電話でのリアクション（良い例）

2　解約通知に対する電話でのリアクション（悪い例）
3　反社と対面して交渉する場合（良い例）
4　反社と対面して交渉する場合（悪い例）
5　暴力団を脱退してから5年を経過した通知対象者への対応
第4章　社会は確実に変わる
1　今後の課題
2　あんたはヤクザをどう思ってんだ？
3　私はヤクザよりキレやすい一般人の方が怖い
4　社会は確実に変わる

―資料―
・資料1　代理人に関する確認シート
・資料2　第1弾の合意解約招致レター
・資料3　第2弾の合意解約招致レター

経済法令研究会　http://www.khk.co.jp/

〒162-8421　東京都新宿区市谷本村町3-21　TEL.03(3267)4811　FAX.03(3267)4803